中国学术精品文库·经济学

中部地区城镇化对经济效率的空间溢出效应研究

ZHONGBU DIQU CHENGZHENHUA
DUI JINGJI XIAOLV DE
KONGJIAN YICHU XIAOYING YANJIU

周 慧 \ 著

中国财经出版传媒集团
中国财政经济出版社

图书在版编目（CIP）数据

中部地区城镇化对经济效率的空间溢出效应研究／周慧著．－－北京：中国财政经济出版社，2019.8

ISBN 978－7－5095－9125－3

Ⅰ．①中⋯　Ⅱ．①周⋯　Ⅲ．①城市化－关系－区域经济发展－经济效率－研究－中国　Ⅳ．①F127

中国版本图书馆 CIP 数据核字（2019）第 161458 号

责任编辑：彭　波　　　　责任印制：党　辉
封面设计：卜建辰　　　　责任校对：李　丽

中国财政经济出版社　出版

URL：http：//www.cfeph.cn
E－mail：cfeph@cfeph.cn

（版权所有　翻印必究）

社址：北京市海淀区阜成路甲 28 号　邮政编码：100142
营销中心电话：010－88191537
北京财经印刷厂印装　各地新华书店经销
710×1000 毫米　16 开　11.75 印张　200 000 字
2019 年 8 月第 1 版　2019 年 8 月北京第 1 次印刷
定价：58.00 元
ISBN 978－7－5095－9125－3
（图书出现印装问题，本社负责调换）
本社质量投诉电话：010－88190744
打击盗版举报热线：010－88191661　QQ：2242791300

前　言

自改革开放以来，中国经济社会发展取得了举世瞩目的成就，创造了经济增长的"中国奇迹"，人口城镇化水平也由1978年的17.92%增长到2015年年底的56.1%。但在快速发展的过程中，"重数量轻质量、重规模轻结构"发展道路的弊端已经逐步显现。政府主导下的被动、粗放的城镇化发展模式造成土地资源过度消耗、环境污染、生态破坏等一系列问题，对经济增长的可持续形成制约。因此，城镇化的可持续和绿色发展越来越引起人们的关注。现阶段，由于潜在增长率下降，国内外需求疲弱，加之部分行业产能过剩以及资源、能源、环境约束趋紧，中国经济进入由规模速度型增长模式向质量效率型模式转变阶段。当前，"以人为本"的城镇化发展道路被赋予了更加丰富而深刻的内涵，重新认识新的发展阶段城镇化的战略意义，明确城镇化发展的改革任务，妥善解决城镇化过程中出现的各种难题，努力提高城镇化的质量，促进城镇化和经济社会的健康发展（张占斌，2013），是我国当前面临的重要课题。城镇化不仅仅是人口城镇化，还包括产业城镇化、公共服务城镇化、城乡一体化、生态环境可持续化等科学内容。大量学者对城镇化与经济增长的关系进行了研究，关于人口的城镇化对经济增长的促进作用展开了广泛而热烈的探讨，取得了较多成果。然而对于新形势下城镇化与经济效率的关系研究较少。城镇化与经济效率表现出什么样的关系？"以人为本"的城镇化能够促进经济效率的改善吗？促进作用的大小如何？这些问题都是值得我们深入思考和研究的。因此，城镇化对经济效率提升作用这一研究课题，不管是对理论的拓展，还是解析经济结构转型的当下，无论是从理论上还是实践上都具有深远的理论价值和紧迫的现实意义。

本书通过对中部地区城镇化综合发展指数及经济效率水平的测度及空间计量模型分析，发现四个典型事实：一是从中部地区地级城市层面看，城镇化综合发展水平整体呈上升趋势，且具有显著的空间关联特征；二是中部地区城市经济效率，即全要素生产率（TFP）水平整体呈上升趋势；三是通过构建空间面板模型实证分析发现，城镇化水平的提高对经济效率的改善具有正向的溢出效应；四是中部地区经济效率呈现出显著的条件收敛性。在逻辑思路上，本书基于空间视角以城镇化促进地区经济效率改善为科学命题，沿着"问题提出→理论基础与文献梳理→现状分析→城镇化与经济效率水平测度及空间格局分析→城镇化对经济效率的空间溢出效应→动态空间面板模型→经济效率的收敛性分析→结论与政策建议"的基本路径展开系统分析。本书的结构安排如下：

第1章，导论。该部分首先对本书的研究背景和研究意义进行说明，然后再对本书的主要研究内容、研究方法、研究技术路线、研究框架及创新之处进行介绍。

第2章，理论基础与文献综述。该部分将为本书提供必要的研究基础，对城镇化及空间经济学的相关理论、城镇化对经济增长作用的理论与国内外研究文献进行系统梳理和综述，从理论层面揭示城镇化对经济效率作用的内在逻辑以及空间视角的必要性与合理性，为本书的研究打下坚实的理论基础。并构建以城镇化内生增长模型，从理论上深刻阐释城镇化对经济效率的作用机理。

第3章，中部地区城镇化与经济发展现状分析。该部分重点在于考察中部城镇化发展不同阶段及其特点，并对发展过程中面临的现实困境进行深入分析和思考，明确现阶段城镇化发展的现状与"瓶颈"。

第4章，中部地区城镇化与经济效率测度。利用中部地区80个地级城市2001—2014年数据，首先，构建中部地区城镇化评价指标体系，采用改进的熵值法测度中部地区各地级城市的城镇化综合发展指数。其次，采用DEA-Malmquist指数方法对各地级城市的全要素生产率（TFP）进行测度，并对其动态演进及空间分布格局进行分析。

第5章，中部地区城镇化对经济效率的空间溢出效应分析。该部分先以空间理论为基础，归纳出现阶段中部地区经济活动的空间布局特征，采用空间计量模型，从空间视角研究中部地区城镇化对经济效率的静态与动态空间效应，并对城镇化对经济效率的条件收敛性进行了识别。

第6章，结论与对策建议。该部分首先对全书各章研究结论进行系统性梳理和总结，然后以此提出一系列关于城镇化发展及城市经济效率改善的政策建议，最后指出本书研究的不足之处，并对未来下一步的研究工作进行了展望。

本书的创新主要有三点：

第一，研究视角具有一定新意。本书尝试通过构建理论模型阐述城镇化对经济效率提升的作用机理，并研究在考虑到空间因素下城镇化发展对经济效率提升的机制与路径，根据 Lesage 和 Fischer（2008）、Fisher（2011）等方法研究中部地区经济发展的空间收敛性问题，进而充实城镇化与经济效率问题研究。

第二，研究方法上的改进。本书将空间因素纳入研究框架中，考察城镇化与经济效率的动态关系。实证分析表明，空间因素在城镇化对经济效率改善过程中发挥了重要作用，忽视了地区间空间相关性的传统计量分析结果存在偏误。采用中部六省地级市的资料，构建空间面板模型，进行空间相关性分析和空间溢出效应分解，对是否存在城镇化对经济效率改善的条件收敛进行定量研究。

第三，区别于传统城镇化将人口城镇化率单一指标衡量的方法，本书综合考虑城镇化的人口城镇化、产业城镇化、公共服务城镇化、城乡一体化等内涵，构建城镇化发展水平综合评价指标体系，全面测度地级城市城镇化发展水平，使该水平能反映新形势下，城镇化的科学内涵要求，客观准确地反映城镇化的发展状况。同时，采用 DEA-Malmquist 方法测度中部地区经济效率水平，对中部经济增长质量进行客观描述。这在现有研究文献中均不多见。

本书的主要研究结论：

与以往研究城镇化与经济增长关系的相关文献不同，本书基于对城镇化发展基本理论深化研究的客观要求，以及当前国家经济社会结构转型发展的现实需要，从城镇化的科学内涵出发，深入分析城镇化与地区经济效率之间的逻辑关系及作用机理，实证检验了城镇化对地区经济效率改善的时间与空间溢出效应。并在静态空间面板模型基础上，引入因变量的时间滞后项和空间加权因变量时间滞后项，对经济系统的空间动态内生性进行控制，考察城镇化对经济效率改善的长期动态效应，并在动态空间模型下对城镇化对经济效率的条件收敛性加以识别。具体研究结论如下：

（1）中部地区城镇化综合发展水平稳步提升，经济效率逐步改善。城镇化发展方式逐步由传统的政府推动、被动的人口城镇化和土地城镇化，向民生型和生态环境节约型城镇化转变。但当前中部地区城镇化发展过程中的问题仍旧突出。产业结构不合理、产业支撑力不足，目前整体规模有限，水平也不高，制造业内部的结构优化问题突出。产业集聚度不高，创新能力不足，生态环境承载力较弱。

（2）中部地区城镇化发展与经济增长存在显著的空间集聚特征和空间相关性。在对城镇化与经济发展的统计分析与计量检验中，发现中部地区城镇化与经济活动存在显著的空间集聚特征和空间相关性。在不同的空间关联模式下，我们进一步对城镇化的空间溢出效应进行分解，也证实了这种空间关联的存在。城镇化的空间溢出效应均具有较好的显著性水平，城镇化对经济效率的改善具有显著的促进作用，即各城市经济效率不仅与自身城镇化水平、经济开放程度、基础设施建设、金融市场发展情况等因素密切相关，同时受到其他城市这些因素的影响，城市间经济效率改善存在显著的"示范效应"。

在两种空间关联下，城镇化对城市经济效率提升均表现出显著的区域内溢出，然而，本地区城镇化发展对周边城市经济效率提升的溢出效应相对不足，表明地区间经济社会活动的交流与合作有待进一步加强，各城市间应当制定联动的城镇化发展政策。除金融市场发展变量以外，经济空间权重下其他各影响因素对经济效率的溢出效应，相较于邻接权重下各因素对经济效率的影响表现均较强，表明地理因素对经济增长的影响正不断弱化，经济因素在空间关联中的作用越来越突出。

（3）中部地区经济效率存在显著的条件收敛性。静态分析无法对经济效率提升的长期机制进行识别,为了进一步分析城镇化与城市经济效率之间的均衡关系,本书在检验模型中引入因变量滞后项和空间加权因变量滞后项,对经济效率的动态变动进行考察。利用动态空间面板模型在一定程度上克服了静态空间面板模型的内生性问题,揭示因变量内生交互影响下的长期效应。在对动态空间计量模型中对经济效率进行差分化处理后,回归结果表明,中部地区经济效率存在条件收敛特征。

作者

2019 年 1 月

目　　录

第1章　导论 …………………………………………………………………… 1

　　1.1　选题背景与意义 ………………………………………………… 1

　　1.2　研究思路与框架 ………………………………………………… 7

　　1.3　研究内容及创新 ………………………………………………… 10

第2章　理论基础与文献综述 ………………………………………………… 13

　　2.1　城镇化相关理论 ………………………………………………… 13

　　2.2　城镇化与经济效率文献综述 …………………………………… 23

　　2.3　城镇化与经济效率的机理分析 ………………………………… 36

　　2.4　空间溢出效应释义 ……………………………………………… 46

　　2.5　本章小结 ………………………………………………………… 49

第3章　中部地区城镇化与经济发展现状分析 ……………………………… 50

　　3.1　中部地区城镇化发展现状分析 ………………………………… 50

　　3.2　中部地区经济发展现状分析 …………………………………… 67

　　3.3　本章小结 ………………………………………………………… 73

第4章　中部地区城镇化与经济效率测度 …………………………………… 74

　　4.1　中部地区城镇化水平测度 ……………………………………… 74

　　4.2　基于 DEA – Malmquist 指数模型的经济效率测算 …………… 88

　　4.3　本章小结 ………………………………………………………… 111

第5章 中部地区城镇化对经济效率的空间溢出效应分析 ·················· **113**
   5.1 空间计量模型的设定 ·· 114
   5.2 变量、数据与模型设定 ·· 120
   5.3 城镇化对经济效率的空间溢出效应分析 ······························ 124
   5.4 城镇化对经济效率的动态空间效应检验及收敛性分析 ········· 134
   5.5 本章小结 ·· 146

第6章 结论与对策建议 ·· **148**
   6.1 主要研究工作与结论 ·· 148
   6.2 主要对策建议 ·· 151
   6.3 未来研究展望 ·· 155

参考文献 ·· 157

第 1 章

导　论

改革开放以来，我国经济发展取得了举世瞩目的成就，经济实力与国际地位得到大幅度提升，我国的 GDP 世界排名从 1978 年的第 10 位跃升至 2010 年的第 2 位，成为仅次于美国的第二大经济体，创造了经济增长的"中国奇迹"。与此同时，城镇化也取得了快速发展，人口城镇化率由 1978 年的 17.92% 增长到 2015 年年底的 56.1%。经历了 40 年的高速经济增长和剧烈的社会变迁，城镇化是伴随中国经济社会发展最为重要的关键词。我国作为一个传统的农业大国，伴随着工业化进程的不断推进及改革开放的不断深入，城镇化的水平、速度、空间分布以及城镇体系建设均进入了一个崭新的发展阶段。当前，经济社会处于结构调整的特殊时期，收入差距、环境恶化、交通拥堵、融资困难等诸多问题亟待解决。以人为本的"新型城镇化"这一中国式命题，不仅是对传统城镇化模式的合理修正和全面优化，也为改善公共服务、破除户籍制度、收入分配制度、土地制度、投资与消费等一系列结构性难题提供了方向和思路。

1.1 选题背景与意义

1.1.1 选题背景

传统城镇化模式下"重数量轻质量、重规模轻结构"发展道路的弊端已经逐步显现。政府主导的被动、粗放的城镇化发展模式造成效率低下、土地资源过度消耗、生态环境恶化等一系列问题,对经济增长的可持续形成制约。随着城镇化进程加快,环境资源压力逐渐加大,土地资源、水资源、能源等供需矛盾,生态环境遭到严重破坏,城镇可持续发展面临严重挑战。特别是在大城市,交通、自然环境、住房、教育、医疗等环境资源和公共服务的供给跟不上迅速膨胀的人口的需求,形成各种"城市病":"人多""车堵""内涝""污染""房贵""上学难""看病难"等现象。城市居民在感受到城镇化的"中国速度"时,生活质量和幸福感并未随着城镇化率上升而大幅增加,反而因"大城市病"而大打折扣。现阶段,由于潜在增长率下降,国内外需求疲弱,加之部分行业产能过剩以及资源、能源、环境约束趋紧,我国经济发展进入由规模速度型增长模式向质量效率型的转变阶段。党的十八届三中全会审议通过《中共中央关于全面深化改革若干重大问题的决定》再次阐释了"新型城镇化"的科学内涵,即"坚持走中国特色新型城镇化道路,推进以人为核心的城镇化,推动大中小城市和小城镇协调发展、产业和城镇融合发展,促进城镇化和新农村建设协调推进。优化城市空间结构和管理格局,增强城市综合承载能力"①。这表明城镇化作为中国经济发展战略的核心,在当前以及未来的经济社会发展中会起到主宰国家经济命脉的作用,2014年3月《国家新型城镇化规划(2014—2020年)》正式出台,标志着城镇化战略部署已上升到国家战略层面,成为当前各项经济事业发展的总抓手。"新型城镇化"这一中国式命题,是我国现代化建设的大战略和历史性任务,是我国经济发展方式转变的重心所在(王国刚,2010),是扩大内需的最大潜力(胡鞍钢等,2015)。

重新认识新的发展阶段城镇化的战略意义,明确城镇化发展的改革任务,妥善解决城镇化过程中出现的各种难题,努力提高城镇化的质量,促进城镇化和经济社会的健康发展(张占斌,2013),是我国当前面临的重要课题。根据新古典经济增长理论,经济实现长期增长的重要条件是全要素生产率(TFP)的不断提高。新常态下,经济效率的提升需要新的增长动力支撑,城镇化被认为是下一阶段推动我国经济持续、高效增长最重要的动力所在。鉴于此,从理论上探究城镇

---

① 中国共产党第十八届中央委员会第三次全体会议公报,新华网。

化与经济效率提升之间的内在关联性及动态影响机制,对于走出一条绿色、集约、可持续的城镇化发展道路,推动经济持续高效增长具有重要现实意义。

在我国的区域发展格局中,中部地区承东启西,贯南连北,是维系全面协调可持续发展重要的经济带,因此,在未来的城镇化进程中,中部地区的城镇化发展会直接影响到国家城镇化发展战略的成效。中部地区土地面积102.8万平方公里,占全国陆地总面积的10.7%;2015年年底人口3.65亿人,占全国总人口的26.5%,包括山西、安徽、江西、河南、湖北、湖南六省,地处我国中部地区,区位条件优越,中部地区是我国的传统农区,长期以来城镇化发展相对滞后,严重影响了整个国民经济又好又快的发展。截至2015年年底,城镇化率达到51.2%,仍低于全国平均水平近5个百分点,2015年年底,经济总量达到146950.46亿元,约占全国经济总量的21.44%。当前,中部地区处于经济社会转型发展的关键时期,提高要素使用和资源配置效率是中部崛起过程中亟待解决的问题。正如《国家新型城镇化规划(2014—2020年)》中所指出,长期以来,中部地区发展相对滞后,其重要原因在于城镇化发展不平衡,城市发育不足。中部地区资源环境承载能力相对较强,加快城镇化进程,培育新的增长极,有利于促进中部地区经济效率的提升。当前,中部地区进入城镇化加速发展的关键时期,一般而言,城镇化水平较低的地区,城镇化增速与经济发展的相关性较强(金荣学等,2010),中部地区城镇化发展长期滞后于全国平均水平,对经济增长的促进及效率提升的作用如何?迫切需要我们做出深入研究。

根据 Douglas 和 Schwartz(1995)、Grossman 和 Helpman(1991)、赵作权(2011)等人的研究,地区之间的经济关联是经济增长的重要来源。20世纪30年代经济大危机以前,经济发展的地理分布被认为是由自然条件所决定的,试图改变这种分布也是徒劳的(张可云,2002)。自由主义经济学家认为,区域经济非均衡仅仅是经济均衡发展过程中的暂时性问题,因而没有必要对区域经济进行专门研究。伴随空间经济学的兴起,区域差异、空间关联逐渐引起人们的重视,萨缪尔森(1952)曾感慨:"空间问题在经济理论中是如此被忽视,以至于就其本身而言就是一个引人入胜的领域。"克鲁格曼(1996)则将区域问题视为经济学的"最后前沿"。对中国区域经济增长问题更为符合实际的研究,需要对地区间经济活动的相互影响予以甄别（Fingleton，2003；Fingleton and Lopez - Bazo，2006）。而随着区域开放程度的不断提高，要素流动不断加强，区域之间经济联系日益密切，城市经济活动不仅依赖于自身的发展，同时也受到周边地区经济要素资源的影响，区域之间的空间相关性是我们研究中不可忽视的因素，目前对经济问题的研究大多忽视空间因素的影响，导致研究结论缺乏相应的解释力，为了更加准确而客观地反映现实情况，从空间角度研究地区之间城镇化与经济效率提升的关联机制及溢出效应具有重要的理论意义及现实意义。根据 Elhorst 等（2010）关于空间交互作用机理的解释，我们结合本书的内容对空间溢出效应的含义加以说明，即，当我们对不同经济单元的经济活动进行考察时，一个地区经济增长依赖于本地区各种要素的投入以及要素之间的配置比例，同时，相邻地区的要素投入水平对本地区的经济增长也会产生一定的影响，即我们所说的溢出效应。经济增长过程中的这种动态空间关联性，体现在模型中的话，表现为 WY、WYt - 1、WX、WXt - 1（Elhorst，2012）。基于此，我们将从空间视角展开城镇化对经济效率溢出效应的研究。

城镇化以空间综合变化为基本特征，是各种要素在空间体系下重新配置的过程，资源在向城市集聚的过程中，一方面，促进了本地区经济发展；另一方面，通过扩散效应带动周边地区发展。换言之，随着区域开放程度的不断提高，要素流动不断加强，区域之间经济联系日益密切，城市经济活动不仅依赖于自身的发展，同时也受到周边地区经济要素资源的影响，区域之间的相关性是我们研究中不可忽视的因素。然而，目前对城镇化的研究大多忽视区域之间的空间相关性以及空间异质性[①]，导致研究结论缺乏相应的解释力，为了更加准确而客观地反映现实情况，从空间视角研究地区之间城镇化发展与经济效率改善之间的相关关系及溢出效应，具有重要的理论意义及现实意义。

此外，越来越多的文献研究发现城市层面的经济活动，尤其是城市间要素流动，劳动力迁移具有一定的特殊性，例如，城市规模具有工资溢价效应，这种特

---

① 空间相关性（又称为空间依赖性）是指空间个体观测值之间相互依赖、相互影响。造成空间相关性的主要原因在于要素在空间上的流动、技术溢出等。空间异质性指空间单元存在发达地区和落后地区、中心（核心）和外围（边缘）地区等经济地理结构的非均质性。

征在其他层面不存在或不显著。城市作为人才、技术、创新的摇篮，是一国或地区经济增长的引擎（Lucas，2001），不了解城市，就不可能真正了解经济活动（Rosenthal and Strange，2008），基于城市层面对经济活动开展研究成为新近的主流视角（约翰·奈特等，2011；高波等，2012；Ortega and Peri，2012；陈强远等，2014），本书采用2001—2014年中部地区80个地级城市单元统计数据，相比于其他层面数据得出的研究结论相对更真实可靠，更加符合主流的研究视角。

1.1.2 研究目的与研究意义

（1）研究目的。

城市是地区高质量资源的集聚点、经济增长的极化点和经济发展的引擎。通过本书的研究，旨在达到以下研究目的：

第一，分析当前中部地区城镇化以及经济发展现状，探讨以人为本的城镇化的科学内涵，通过构建城镇化评价指标体系，客观测算中部地区城镇化发展水平，并对中部地区地级城市经济效率进行测度。

第二，基于空间经济学的视角审视中部地区城镇化与经济效率的作用机制，从理论与实证两个层面研究城镇化对经济效率改善的空间效应，分析城镇化对破解中部地区经济效率低下问题的有效性和可行性，发现城镇化对经济效率提升的科学路径。

第三，本书采用2001—2014年中部地区80个地级城市单元统计数据，相比于省级数据，得出的研究结论相对真实可靠。立足于中部地区城镇化和经济发展现状，全面探索城镇化对推动经济高效发展的路径和策略，希冀能为新时期有效推进中部地区经济社会又好又快发展提供一定的政策启示。

（2）研究意义。

国内学者关于城镇化促进经济增长理论机制的研究较多，但鲜有关于城镇化对经济效率传导效应的研究，其中，从空间视角研究城镇化对经济效率提升效应的文献较少。自改革开放以来，在对中国经济的贡献度和解释力上，城镇化贯穿始终，主导经济增长的周期性因素和结构性因素无一不受到城镇化发展的重大影响。传统城镇化发展道路注重经济规模的扩大，而新时期，城镇化战略是中国结构变革主导下的经济发展方式转变与经济效率提升的必然要求。本书的研究意义主要体现在以下两个方面。

第一，从理论层面看，拓宽了城镇化理论的分析视角。

一方面，本书以区域经济学理论为基础，着眼于中部地区当前经济发展现状，运用空间计量模型进行定量分析，在一定程度上拓宽了相关理论的研究视角；另一方面，本书采用 DEA – Malmquist 方法测算中部六省各地级城市历年经济效率（全要素生产率 TFP）。通过构建城镇化综合评价指标体系，采用改进的熵值法测度中部各地级城市的城镇化发展指数，构建空间面板模型考察城镇化对各城市全要素生产率的影响，为改进、提高中部地区经济效率提供经验证据，同时也丰富了相关的理论研究内容。本书从空间经济视角研究城镇化对经济效率的影响，将在一定程度上对区域经济相关理论进行扩充，具有一定的理论价值。

总的来看，以往对城镇化的研究重点多集中在城镇化发展对经济增长的推动作用上，城镇化过程是经济要素空间上变迁的综合体现，而以人为本的城镇化发展道路涉及更加丰富的内涵，在从空间视角研究城镇化发展过程中，经济社会结构转换对经济效率的影响具有客观的必然性和现实的迫切性。纵观现有文献，城镇化发展道路的科学内涵、城镇化发展对经济效率改善的重要作用以及在这一过程中产生的空间溢出效应的研究，缺失系统化的理论基础和空间计量方法下的经验证据。本书将结合城镇化发展相关理论，采用中部地区地级城市数据，在理论推导的基础上，通过构建多种空间计量模型，深入分析中部地区城镇化发展对城市经济效率提升的静态和动态空间溢出效应。从而形成对城镇化发展与经济效率提升之间空间效应研究的较为系统化的理论体系和一般方法，进而为后续问题研究提供扎实的理论依据，并进一步丰富和发展城镇化的理论研究，从这一层面上来说本书的研究具有一定的理论价值。

第二，从现实层面来看，根据中部地区经济社会实际发展情况，分析城镇化发展的路径及其对经济效率的影响机制，并探讨城镇化对经济效率的条件收敛性，为中部地区制订经济社会发展政策和措施提供重要的理论支撑，为制订促进城镇化建设和经济可持续发展的相关政策措施提供较为准确的经验依据，具有重要的现实意义。

中部地区地处我国中部，区位条件优越，然而长期以来，中部地区经济社会发展相对滞后，其重要原因在于城镇化发展不平衡。从空间视角对中部地区城镇化与经济效率相互关系进行实证研究，通过我们的分析证实了中部地级城市之间经济活动存在显著的空间相关性。然而，目前对城镇化的研究大多忽视地区间空间相关性，这与现实不符，导致研究结论缺乏相应的解释力。

中部地区是关系我国经济社会均衡发展的战略要地，是缩小区域差距的突破之地，是我国新一轮城镇化、工业化、信息化和农业现代化的重点区域，也是扩大内需、提升开放水平最具潜力的区域。在新起点上促进中部地区全面崛起，具有十分重要的战略意义。2006年，党中央、国务院颁布实施《关于促进中部地区崛起的若干意见》（中发〔2006〕10号）将中部地区作为全国新型城镇化重点发展区。从国家长期健康发展和社会的安定和谐的角度考虑，对中部地区城镇化对经济效率提升进行深入分析，为构建经济、社会、生态效益协调发展的理想城镇化发展模式提供一定的政策依据，符合当前国家区域发展战略的现实需要。

1.2 研究思路与框架

1.2.1 研究方法

本书在研究内容上涉及数量经济学、计量经济学与空间经济学相关多个学科内容，因此，在研究方法上将综合多种方法，具体主要采用以下研究方法：

第一，定性分析与定量分析结合。本书在全面梳理现有研究基础上，鉴于中部地区在整个经济社会发展中的重要战略意义，专门针对该区域进行实证检验。在定性分析的基础上，结合新经济地理学的前沿理论，运用空间计量方法及空间统计分析手段等定量方法开展研究。

第二，规范分析与实证分析相结合，其中，在实证分析中运用 Arcgis 软件对中部地区经济活动及城镇化发展状况进行空间分布分析，采用 Moran 指数、Moran 散点图等方法检验经济活动的空间相关性，构建空间滞后模型（Spatial Lag Model）、空间误差模型（Spatial Error Model）和空间杜宾模型（Spatial Durbin Model），具体估计方法涉及固定效应（Fixed Effects）和随机效应（Random Effects），模型选择的检验方法主要有 Wald 检验和 LR 检验、空间 Hausman 检验等。

第三，静态分析和动态分析相结合。本书通过构建静态空间计量模型和动态空间计量模型分别考察城镇化对经济效率改善的静态效应和动态效应，有利于我们更加深入地把握城镇化与经济效率之间的关系。

1.2.2 研究思路

传统城镇化道路是我国工业化进程的必然产物，是人口的城镇化、被动的城镇化，粗放的增长方式不可避免。而新时期，以人为本的城镇化成为引领经济结构调整、转变经济发展方式、促进社会和谐发展的突破口，是变被动为主动的城镇化过程，因而，以产业、人口、公共服务、生态环境等协调发展的综合城镇化发展为出发点，带动经济结构调整和经济效率改善势必成为我们研究的重要课题。

本书的技术路线：首先，对国内外城镇化研究理论及文献资料进行系统梳理；其次，以现有相关理论研究为基础，通过构建数理模型，从理论上考察城镇化对经济效率的影响机制；再次，选取中部六省地级城市作为区域研究样本，采用 DEA - Malmquist 方法对 80 个地级城市的经济效率进行测度，通过构建城镇化综合评价指标体系，采用改进的熵值法测算各地级城市的城镇化综合发展指数，以理论分析结论为基础，构建空间计量模型，通过实证分析考察城镇化对区域经济效率的实际影响；最后，总结全书的研究结论，并以此提出促进中部地区城镇化发展的路径和地区经济可持续发展的相关政策建议，指出本书的不足之处以及对未来研究的展望。

1.2.3 研究框架

本书的研究框架如图1-1所示。

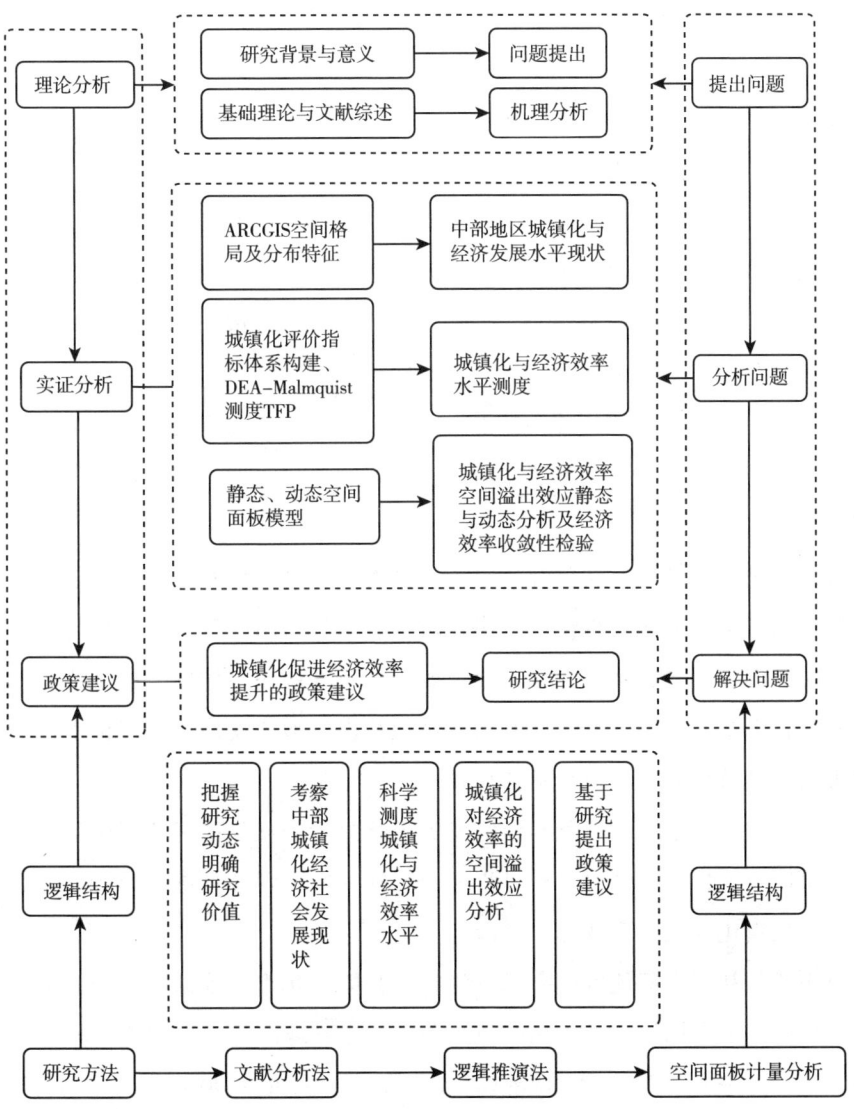

图1-1 本书的研究框架

1.3 研究内容及创新

1.3.1 研究内容

本书主要研究内容分为理论研究和实证研究两大部分。在理论研究部分，本书以传统经济增长理论为基础，构建包含城镇化与经济效率的数理模型，从理论层面分析两者之间的内在作用机制。在实证研究部分，本书则是以理论研究所得出的结论为基础，同时收集了中部地区面板数据，考察城镇化对经济效率的空间溢出效应，并就城镇化对经济效率的条件收敛性进行探讨。具体来讲，本书的研究内容可划分为以下六个部分。

第1章，导论。该部分首先对本书的研究背景和研究意义进行阐述，然后对本书的主要研究内容、研究方法、研究技术路线、研究框架及创新之处分别进行介绍。

第2章，理论基础与文献综述。该部分将为本书提供必要的研究基础，对城镇化及空间经济学的相关理论、城镇化对经济增长作用的理论与国内外研究文献进行系统梳理和综述，从理论层面揭示城镇化对经济效率作用的内在逻辑，为本书的研究打下坚实的理论基础，并构建城镇化内生增长模型，从理论上深刻阐释空间视角下城镇化对经济效率的作用机理。

第3章，中部地区城镇化与经济发展现状分析，重点在于考察中部城镇化发展不同阶段及其特点，并对发展过程中面临的现实困境进行深入分析和思考，明确现阶段城镇化发展的现状与"瓶颈"。

第4章，利用中部地区80个地级城市2001—2014年数据，首先，构建中部地区城镇化评价指标体系，采用熵值法测度了中部地区各地级城市的城镇化发展指数。其次，采用DEA - Malmquist指数方法对各地级城市的全要素生产率（TFP）进行测度，并对其动态演进及空间分布格局进行分析。

第5章，中部地区城镇化对经济效率的空间溢出效应分析。该部分首先以空间理论为基础,归纳出现阶段中部地区经济活动的空间布局特征;其次采用空间计量模型,从空间视角研究中部地区城镇化对经济效率的静态与动态空间效应,并对城镇化对经济效率的条件收敛性进行了识别。

第6章,结论与对策建议。该部分首先对全书各章研究结论进行系统性梳理和总结;其次以此提出一系列关于城镇化发展及城市经济效率改善的政策建议;最后指出本书研究的不足之处,并对未来下一步的研究工作进行了展望。

1.3.2 本书的创新与不足

(1) 创新之处。

关于城镇化与经济效率关系的研究,国内外相关研究较少,且多为定性分析,定量分析多是采用传统计量方法展开。而传统计量模型假设观测对象相互独立,这与现实不符,从而造成回归结果有偏误。根据 Tobler 地理学第一定律:任何事物之间均相关,而离得较近事物总比离得较远的事物相关性高 (Anselin and Getis, 1992),地理距离对经济活动的空间分布产生重要影响。由于地区间经济往来、技术和知识溢出等使地区之间在空间上存在一定的经济关联,进而对经济效率产生空间交互影响。鉴于地区间经济活动空间相关性的存在,将地理空间效应纳入分析框架内,是我们全面客观反映城镇化对经济效率影响问题研究的必然选择。本书通过建立空间计量模型,尝试在空间视角下,探索城镇化对经济效率的静态和动态空间溢出效应及经济效率的条件收敛性。本书的创新主要有三点:

第一,研究视角具有一定新意。本书尝试通过构建理论模型阐述城镇化对经济效率提升的作用机理,并研究在考虑到空间因素下城镇化发展对经济效率提升的机制与路径,根据 Lesage 和 Fischer (2008)、Fisher (2011) 等方法研究中部地区经济发展的空间收敛性问题,进而充实城镇化与经济效率问题研究。

第二,研究方法上的改进。本书将空间因素纳入研究框架中,考察城镇化与经济效率的动态关系。实证分析表明,空间因素在城镇化对经济效率改善过程中发挥了重要作用,忽视了地区间空间相关性的传统计量分析结果存在偏误。本书采用中部六省地级市的资料,构建空间面板模型,进行空间相关性分析和空间溢出效应分解,对是否存在城镇化对经济效率改善的条件收敛进行定量研究。

第三,区别于传统城镇化将人口城镇化率单一指标衡量的方法,本书构建城镇化发展水平综合评价指标体系,综合考虑城镇化的人口城镇化、产业城镇化、公共服务城镇化、城乡一体化等科学内涵,全面测度地级城市城镇化综合发展水平,客观准确地反映城镇化的发展状况。同时,采用 DEA – Malmquist 方法测度中部地区经济效率水平,对中部经济增长质量进行客观描述。这在现有研究文献中均不多见。

(2)不足之处。

第一,本书力争将城镇化内生化到经济增长模型中,并在此基础上引入空间变量,构建包含空间因素的城镇化—经济增长模型,目前该项工作依然处于初步研究阶段,对于模型构建尚不够成熟,需要在以后的工作学习中继续深入分析。

第二,本书拟采用中部六省地级市数据进行实证分析,数据的可得性和质量对实证结果具有重要影响,翔实而准确的地级市数据,是本书研究中遇到的较大困难,部分指标在参考现有文献后,采用了替代变量进行分析。

第三,以本书理论和实证分析为基础,结合中部地区自身的发展阶段和比较优势,兼顾国家整体发展战略,就中部地区城镇化发展与经济效率提升,提出科学合理同时具有可操作性的政策建议,是本书的重要任务和挑战之一。

第 2 章

理论基础与文献综述

2.1 城镇化相关理论

2.1.1 城镇化理论的发展

城镇化的产生与发展一直是学界研究的热点,西方关于城镇化的研究可以追溯到荷兰经济学家贝克(Baker)提出的"二元结构"概念。就理论而言,二元结构的概念最早由荷兰经济学家贝克提出,后经希金思(Higgins)、赫希曼(Hirschman)、缪尔达尔(Myrdral)从技术水平、区位条件、政策效应等方面做了不同程度的探索。1955年美国经济学家刘易斯(Lewis)在《经济增长理论》一书中提出的二元经济理论,试图解决工业化与现代化的发展模式问题,随后拉尼斯和费景汉以及托达罗对该理论做了进一步改进。此外,集聚理论、新马克思主义"中心边缘"和新兴古典经济学的"分工演进"理论对城镇化的发生机制做了进一步的解释。在实践领域,霍华德提出了一种城乡一体化的田园模式,麦吉在对东南亚城市的实证研究中总结出了所谓"Desakota"的城乡一体化发展模式。

2.1.1.1 区位理论

区位理论研究人类作为政治、文化、经济等活动的主体对生产生活的空间选择，认为由于规模经济、运输费用、集聚效应的作用，经济要素在地理上呈现出集聚的特征，产业和企业在空间上的集中促进了城市和乡村空间格局的不断演变。

（1）农业区位论。

1826年德国农业资本家杜能，从"孤立国"的假象空间出发，探索农业时代合理的农业生产活动的地域配置，即产品的地租只与运费有关的"杜能条件下"，考虑到土地收益的最大化问题，合理农业经营中距离城市的远近对农业活动的分布将产生怎样的影响。在杜能的农业生产空间配置模式下，距离城市较近的地方应当种植相对于其价格而言笨重而体积大的作物，或生产易于腐烂的新鲜产品，随着距城市距离的增加，种植相对于农产品价格而言运费少的作物。杜能理论的意义在于其孤立化的研究思维方法，该方法对后来韦伯和克里斯塔勒等人的区位理论具有很大影响，同时，杜能第一次从理论上系统研究了空间摩擦对人类经济活动的影响，在一定程度上奠定了土地利用一般理论的基础。

（2）工业区位论。

19世纪末期，伴随着德国产业革命的发展，近代工业取得了较大发展，大规模的产业工人涌向城市，德国经济学家韦伯（Alfred Weber）在1909年出版著作《工业区位论：区位的纯理论》，其认为工业发展分三个阶段：一是由运输费用决定的基本工业区位的地理空间格局；二是在运输费用指向决定前提下，向劳动力成本指向的偏移；三是在运输费用和劳动力成本指向决定的工业区位格局下发生的集聚指向偏移。其创立的工业区位理论，旨在探讨德国产业革命后，随着近代工业的发展，资本、人口、产业向城市大规模集聚的空间机制。需要指出的是，韦伯的工业区位理论建立了完整的理论体系，并提出了严密的研究方法，但更多的是抽象、孤立因素的静态演绎分析。其后，俄林、伊萨德、廖什等人对工业区位理论进行了有益的补充，1940年美国学者胡佛·伊萨德提出工业区位的多种成本因素综合分析理论，深入分析了最低成本和最大利润原则的厂址选择问题，从而步入了工业区位理论的微观领域。同年，德国经济学家廖什发表了《经济的空间秩序》，从宏观角度对工业区位理论进行了深入研究。

(3) 商业区位论。

商业区位论是以美国的弗兰卡·费特尔为代表的经济学家提出的贸易理论，认为商业布局与生产成本、运输成本有密切关系。商业布局是指商业机构及其活动过程的空间分布，商业活动主要是服务于居民生活，具有资本和劳动可进入性较强、分布较广的特点。因此，商业布局遵循接近购买力、区位易达性较好的原则，即商业活动多集中在经济发达、人们消费倾向较高的地区。其中，中心地理论和集聚理论都体现出了商业区位理论的思想。德国地理学家克里斯塔勒1933年出版其著作《德国南部中心地原理》，在实地调研的基础上用抽象演绎的方法结合地理学的地域性和综合性、古典区位论学说，对德国南部地区城乡聚落的市场中心和服务范围进行了实验观察研究，得出聚落三角形、市场六边形中心地空间秩序的区位标准化理论，并构建了以市场、交通、行政三中心地空间系统模型。

2.1.1.2 平衡发展理论与非均衡的区域发展理论

区域经济学中的平衡发展理论认为，经济活动之间具有密切的相关与互补性，欠发达的部门或区域在一定程度上会阻碍发达部门和地区的发展，所有经济部门及地区应该同步推进，共同发展。不平衡发展理论认为，在经济发展过程中，突出重点产业和重点地区有利于提高资源配置效率，对于许多处于资本稀缺的发展初级阶段的发展中国家而言，相对于平衡增长而言，不平衡增长理论显然更具有吸引力。需要指出的是，持平衡发展观点的学者并没有否定区域不平衡现象的客观存在，认为区域不平衡现象是暂时的，最终会得以消灭。平衡发展理论主张政府应当对经济施行自由放任的政策。非均衡发展理论认为经济在市场的作用下实现自发收敛是非常困难的，当市场趋向于产生极化时，政府干预是必要的。两种发展理论争论的焦点主要集中在发展的自主权、优惠的税收政策、资源的集中投入等方面。一般而言，经济学原理中的均衡与非均衡讨论的是要素、商品的市场价格决定或消费者效用、生产者利润的决定，这不同于区域经济中讨论的均衡与非均衡问题，区域经济探讨的均衡与非均衡问题强调地区内部及地区之间经济结构和空间结构的均衡发展问题。

(1) "增长极"理论。

增长极理论最初由法国经济学家佩鲁（Perroux）1955年在《增长极概念的解释》一书中提出，后来法国经济学家布代维尔（Boudeville）、美国经济学家弗里德曼（Friedmman）和赫希曼（Hischman）、瑞典经济学家缪尔达尔（Myrdal）等人，都在不同程度上对这一理论进行了丰富和发展。增长极理论认为增长并非同时出现在所有部门或地区，不同部门或地区经济增长速度有所不同，发展在空间分布上的不均衡具有一定的必然性，存在某些主导部门在特定区域的集中，增长极对周围地区产生一定辐射，同时由于产业间的前后向联系和产业间的相互带动作用，不仅使本部门、本地区获得增长，也带动周边其他部门和地区得以发展。佩鲁后来提出了"发展极"的概念，强调增长是量的增加，而发展则意味着质的变化，具体表现为经济社会结构的优化和文化意识上的提高等诸多方面。

(2) "扩散—极化"理论。

赫希曼（1958）的不平衡增长理论的两大贡献在于：一是关于区域经济增长与区域经济均衡的关系，即区域增长与区域均衡目标存在矛盾，追求区域增长通常要以牺牲区域均衡为代价；二是关于区域之间，尤其是发达地区与落后地区之间的空间效应，即"极化效应"（Polarized Effect）和"涓滴效应"（Trickling-down Effect），该理论与缪尔达尔提出的"回流效应"和"扩散效应"的内容基本一致。综合赫希曼与缪尔达尔两者观点，一般认为极化效应指由于地区间要素收益率差异引起的要素由落后地区向发达地区集聚的现象，扩散效应是在经济发展到一定阶段后，要素从发达地区流向落后地区的现象。

(3) "核心—边缘"理论。

1966年美国学者弗里德曼（J. Friedmann）在其著作《区域发展政策》中提出了核心和边缘理论以解释区域空间的演变，阐释了区域间由互不关联、孤立发展，变成彼此联系、发展不平衡，再到相互关联平衡发展的过程。随着一国经济增长周期性的发生及经济空间的转换，产生了区域的不平衡发展，即核心区域和外围区域。根据工业产值在一个国家国民生产总值中占有比例，将空间经济增长划分为四个阶段：①前工业阶段，工业产值比重较小，经济发展水平的区域不平衡现象不显著,以农业为产业主体的阶段;②过渡阶段,工业产值比重逐步增加,国内具有区位优势的地区增长速度较快,从而使核心—外围的对比开始出现;③工业阶段,外围区域内部相对优越的部分出现了经济增长的高速度,技术密集和资金密集型产业为主体,国家规模上的核心—外围结构逐步转变为多核结构,经济的综合化水平不断提高;④后工业阶段,工业产值比重开始下降,经济高度繁荣,社会信息化、产业结构高技术化,工业活动逐步由城市向外扩散,职能上相互依存的城市体系得以产生。

(4) 点—轴理论。

该理论最早由波兰经济学家萨伦巴和马利士提出,点—轴开发理论被认为是增长极理论的延伸,认为在资金有限的前提下,一个地区的开发和建设很难整体展开,应当采取集中建设其中一个或多个据点,而生产要素交换需要交通线路等相互连接组成轴线,而轴线对人口、产业也产生一定集聚效应,带动周边地区经济发展,逐步产生新的增长点,点轴贯通形成点轴系统。

2.1.1.3 二元经济城市化发展理论

美国经济学家刘易斯(Lewis)于1954年发表《劳动力无限条件下的经济发展》一文,提出了著名的二元经济理论,指出传统农业部门劳动力无限供给构成了二元经济的内在特征,在这一过程中,假定工人工资不变,劳动力转移边际成本为零,工业部门的效率高于农业,同时,工业部门的高利润全部转化为投资。刘易斯二元经济理论中隐含地假定了:劳动力转移顺畅,劳动力素质同质,转移无须经过训练,市场在城乡之间自由配置资源,而该理论对农业重要性的抹杀却为学者们所诟病。此后,费景汉(Fei John)、拉尼斯(Ranis)对刘易斯二元理论进行了一定的修正和完善,形成了"刘易斯—拉尼斯—费景汉"模型,该模型强调农业本身的增长,以及农业工业之间协调发展对整个经济增长的重要性。乔根森对刘易斯理论的修正主要体现在:放弃了剩余劳动和不变资本的假定,认为农业转移劳动力具有正的边际产出,而农业剩余的大小对工业部门的发展起决定性作用。托达罗对刘易斯理论的修正在于引入了城市问题,托达罗认为人口迁移取决于人们城乡预期收入的差异,而不是实际收入差异。在二元经济理论中,值得注意的是"刘易斯拐点",指以劳动力无限供给为主要特征的"初始阶段"与劳动力和资本开始共同分配增长利益的阶段交接的交点。对于很多发展中国家而言,廉价劳动力是其经济腾飞的一个要素,这一点,在我国过去的经济增长模式中得到了充分证明。长期以来,中国存在明显的二元经济特征,作为农业大国,农业发展对整个经济发展具有重要影响,而工业部门利润主要用于投资等基本事实,意味着二元经济理论对中国必然具有重要的理论价值。有学者认为,"人口红利"与"刘易斯拐点"之间存在正相关关系,"刘易斯拐点"的显现往往是"人口红利"逐渐消失的前兆。

2.1.1.4 城乡融合理论和思想

(1) 霍华德的田园城市理论思想。

19世纪末英国人霍华德提出田园城市的理论,该理论"城乡融合"的思想与二元城市化理论相对应。霍华德认为城市本身具有一种"磁力"吸引人口向城市聚集,然而随着快速的城市发展,工业化、城市化过程中出现了一系列诸如公共卫生、水污染、住房短缺、失业和贫困等社会问题,他提出创造一个有别于传统的同时具有城市和乡村优点的"田园城市",城市外围应当保有一定面积的永久性绿地,城市与农村相结合,作为一个整体对资金、土地、财政收支等进行管理,其田园城市的管理思想对后人的城市规划与发展产生了很大影响。尽管霍华德的田园城市思想的本意是通过"私人合作"来提供就业岗位和城市运营的日常开销,但是在实践中遇到了种种困难,建设福利型的"社会城市"的理想目标难以推广。

(2) 麦吉的城乡一体化模式。

20世纪中叶,加拿大著名学者麦吉(J. G. McGee)通过对亚洲国家经济进行实证分析后指出,传统的城乡结构在亚洲的实际演进过程中有其自身特征,城乡之间关系日益密切,地域界限日益模糊,产生了一种新的城镇化发展模式,他将其称为"Desakota"(在印度语中,Desa即乡村,Kota即城市),强调城乡的紧密联系,并由此建立的区域整体混合发展的复杂体系模式。

2.1.1.5 新马克思主义城市化理论

20世纪60年代列斐伏尔把阶级冲突分析引入城市研究领域，从而开创了新马克思主义城市研究的先河。新马克思主义城市化理论就是运用马克思、恩格斯的基本思想来分析城市化的理论，具有代表性的包括：法国社会学家卡斯特尔斯在20世纪60年代末70年代初提出的"集体消费论"，认为城市居民的聚集形式构成集体消费的组织或条件，并将此与城市特征有机联系起来；大卫哈维直接应用马克思历史唯物主义进行城市分析，建立"资本积累论"，认为城市化是一种过程，应当从动态和多维的眼光看待城市化和资本积累。此外，新马克思主义者在分析认识不同国家的城市化问题上，并没有把眼光局限于西方和国家的阶级关系和依附性地区模式，而是扩大到从资本主义世界体系的进程分析城市化和阶级关系产生和变化的条件。世界城市体系理论将全球分为中心、半边缘和边缘地区，认为资本主义世界体系所以运转至今的根本点在于中心和边缘地区之间长期横向分工和资本积累的运动所产生的一个不等价交换体系，继而新马克思主义者提出"新的国际劳动分工""劳动的空间分工"等概念，描述分析中心和边缘的关系。后者城市化进程出现的"首位城市体系""非正规经济部门膨胀"和"过度城市化"等特点，造成空间变化的机制是资本。

2.1.2 城镇化发展的一般规律

（1）基于时间维度的城镇化发展规律。

尽管世界各个国家和地区城镇化的起步时间、发展速度和目前的城镇化水平存在差异，但观察和分析各国、各地区的城镇化发展过程，可以发现城镇化过程具有一种普遍的规律性，即呈初始、加速和成熟三个不同阶段的特征（"S"形曲线规律，见图2-1）：①初始阶段（城镇人口占总人口比重在30%以下），农业与工业生产力水平均较低，工业规模较小，提供的就业机会相对有限，农村人口占绝大多数，农业剩余劳动力释放缓慢。城镇人口比重在相当长的一段时期都处于30%以下水平。②加速发展阶段（城镇人口占总人口比重在30%~70%之间),随着工业规模和发展速度明显加快,经济实力明显增强,城市拉力增大,同时,农业劳动生产率大大提高,出现大批的农业剩余劳动力,农村推力也加大,城镇人口比重在相对较短时期内突破50%水平进而上升到70%。③成熟阶段(城镇人口占总人口比重在70%~90%之间),城镇化的发展速度趋缓,经过前段时期的发展,农村的经济和生活条件得到改善,城市的拉力也趋向减小,农村人口的转化趋于停止,城市进程开始放慢,城乡间的人口转移达到动态平衡,并且表现为城镇内部的职业构成由第二产业向第三产业的转移。

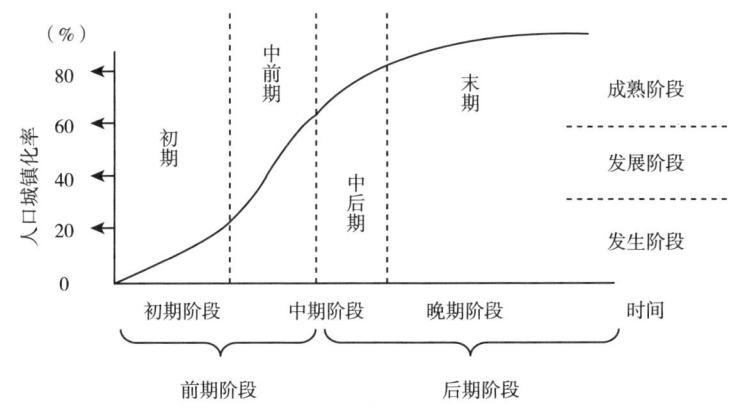

图 2-1 时间维度的城镇化发展阶段

(2)基于空间维度的城镇化发展规律。

集聚与扩散是城市经济产生和发展的内在机制,城镇化的过程首先表现为集聚过程,当集聚发展到一定程度时,会对周边地区产生扩散效应。从地理空间的具体表现来看,集聚过程带来城市人口密度的增加,大城市为主导的集中型城镇化得以确立,而扩散过程引起以小城市的兴起为主导的扩散性城镇化发展模式(见图2-2)。一般而言,在城镇化发展初期,人口向城市集中,城市人口密度不断提高,城区不断向外扩张;中期阶段,城市人口密度较高,城区继续扩张,这一过程中,在以集中型城镇化为主导模式下,出现了扩散型城镇化;后期阶段,城市人口规模仍在增加,但人口增长速度相对前期有所放缓,城区对外扩张相对加快,扩散型城镇化模式成为主导。在集聚与扩散机制的共同作用下,区域内部形成一个有机的经济系统,逐步实现区域内分工,地域间经济社会系统的整体效应不断显现,不同规模的城市增长趋于有序化,以中心城市为核心的城市群形成了更大范围的城镇化经济区。

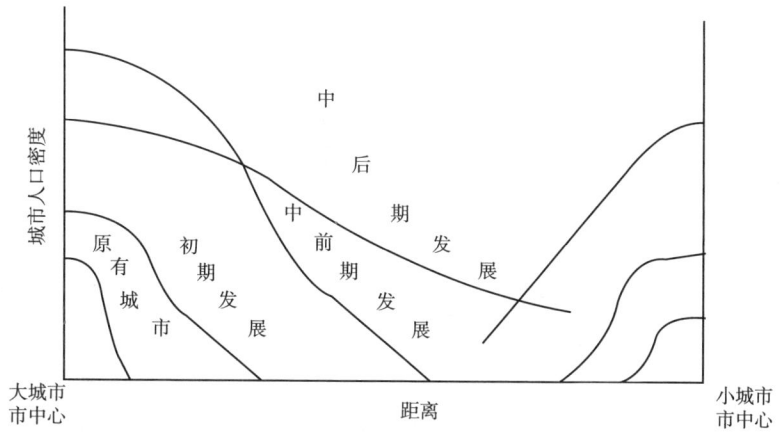

图 2-2 集中型城镇化与扩散型城镇化

2.1.3 世界城镇化发展的主要特点

(1) 城镇化速度明显加快,其发展主流从发达国家转到发展中国家。

当代世界城镇化处于加速发展期,城市人口急剧增长,城市数量急剧增加,1950年世界城镇化水平为29.2%,1980年上升到39.6%,增加了10.4个百分点,年均增长0.347个百分点,在此期间,发达国家城镇化水平由1950年的53.8%,上升到1980年的70.2%,上升了16.4个百分点,年均增长0.547个百分点。而发展中国家城镇化率则由1950年的17.0%上升到1980年的29.2%,上升了12.2个百分点,年均增长0.407个百分点。由于发展中国家人口基数较大,因此,虽然城市人口上升快于发达国家,但总的城镇化率上升速度低于发达国家。而1980—2002年,发达国家城镇化率由70.2%上升到74.4%,仅上升了4.2个百分点,年均增长0.21个百分点,发展中国家则由1980年的29.2%上升到2000年的39.3%,上升了10.1个百分点,年平均增长0.505个百分点(见表2-1和表2-2)。

表 2-1　　　　　　　　　　世界城镇化发展水平

年份	1800	1850	1900	1950	1980	2000	2005	2014
城镇化水平（%）	3	7	14	28.4	39	47	49	54
年均增长速度		0.08	0.14	0.29	0.35	0.4	0.5	

资料来源：世界银行 WDI 数据库。

表 2-2　　　　　　　部分国家和地区城镇化水平　　　　　　　单位：%

年份	1970	1980	1990	2000	2010	2011
世界	36.54	39.32	42.88	46.61	51.52	51.99
高收入国家	68.78	71.77	74.10	76.53	80.23	80.50
上中等收入国家	32.45	36.57	43.39	50.63	59.75	60.62
中等收入国家	28.82	32.65	37.88	42.92	48.99	49.58
低收入国家	14.82	18.61	21.48	24.26	27.60	28.00
美国	73.60	73.74	75.30	79.09	82.14	82.38
日本	71.88	76.18	77.34	78.65	90.54	91.14
德国	72.27	72.84	73.12	73.07	73.82	73.94
俄罗斯	62.47	69.75	73.39	73.35	73.65	73.82
巴西	55.91	65.47	73.92	81.19	84.34	84.60
印度	19.76	23.10	25.55	27.67	30.93	31.30
中国	17.38	19.39	26.41	36.22	49.95	51.27

资料来源：世界银行 WDI 数据库。

（2）大城市化趋势明显，大都市带逐步形成，并成为世界城市化的主力军。

大城市快速发展趋势明显是当代城镇化发展的一个重要特征。随着经济社会的不断发展，大城市数量不断增加，超大城市、城市集聚区、大都市带等城市空间组织形式不断涌现。大城市的优点在于：一是通过共享机制分享固定投入，进而提高劳动生产率；二是更好地实现劳动力市场的共享；三是有助于知识外溢，更好地发挥人力资本的外部性。而当城市在空间地域内集聚到一定密度时，就产生了城市（群）圈或大都市带。一个城市群内部一般包含一个或多个中心或次中心，中心或次中心对周围地区产生辐射带动效应，整个城市群内部形成密切的有机联系，逐步向一体化方向发展。

(3) 世界城市化存在明显的地域差异，过度城市化与城市化不足并存。

发达国家城市人口的绝对规模，有可能随着人口负增长而出现一定程度的负增长，除非有大量的国外移民。新增城镇人口将主要集中在欠发达地区的城镇，特别是亚洲和非洲。

2.2 城镇化与经济效率文献综述

2.2.1 城镇化相关文献

城镇化，又称"城市化"，起源于拉丁文中的 Urbanization 概念，被用来描述乡村向城市演变的过程。这一概念最早出现在马克思 1858 年出版的《政治经济学批判》中谈及城乡分离和城市发展时使用的"乡村城市化"一词。1867 年西班牙工程师赛达在他的著作《城市化基本原理》一书中明确提出了城市化的概念，但由于城市化研究的多学科性和城市化过程本身的复杂性，涉及人口的集聚和流动、人文景观的改造、经济贸易的往来、社会文化的变迁、科技教育水平的提高等诸多方面因素的转化，因此，不同学科对城镇化的内涵莫衷一是。

国内学者关于城镇化的研究成果颇丰，对城镇化的内涵、意义、功能、战略、理论基础等规范研究以及城镇化水平差异、产业结构、产业集聚等进行实证分析。谢文惠、邓卫（1996）认为推进城市化意味着乡村生活方式转化为城市生活方式的一个质变过程。一般而言，在城镇化进程中，行为主体包括政府、企业和居民，根据不同主体所发挥的作用不同，可以分为"自上而下"的政府主导型城镇化，和"自下而上"的市场主导型城镇化两种类型，这被称作二元理论模式（阎小培等，1998）。宁越敏（1999）在市场主导型城镇化模式下提出"三元"城镇化概念，认为城镇化过程是政府、企业和个人三方面的共同作用的产物。张培刚（2001）借助于配第—克拉克定律的产业结构转换分析提出，工业化是城镇化内生动力的观点。汪冬梅等（2003）、陈柳钦（2005）则认为农业是城镇化的基础动力，工业化是根本动力，第三产业为后续动力。随着学界对城镇化研究的深入，以及我国城镇化发展过程中明显受到制度因素影响的客观现实，学者们开始从制度层面探讨城镇化发展问题，指出制度的变迁与创新有助于降低城镇化的交易成本和系统风险，减少城镇化势能的损失（陆永忠等，2005）。而彻底地改革现行的户籍制度，则是实现完全城镇化的必然选择（王放，2012）。此外，一些学者研究发现，城乡之间收入水平、地域文化、教育水平、政府管理水平、交通便利程度、产业集聚水平等方面的差距，是人口不断向城镇转移的重要推动因素（曹宗平，2009；赵玮等，2006；范剑勇，2008）。

国外关于城镇化的研究可以追溯到16世纪，重农主义学者鲍泰罗（Botero）在《城市论：论城市伟大之原因》一书中针对当时意大利各大城市发展停滞的事实，指出农产品剩余是城市存在的基础，这一结论后来成为城市化研究的重要前提。20世纪以来，乡村城镇化成为各国的普遍现实，学者们从各种不同角度探讨城镇化过程中存在的问题，探索乡村城镇化的一般规律。库兹涅茨（1989）指出城市化是城镇和乡村之间的人口分布方式的变化过程。Hudson（1969）、Pederson（1970）认为城市化是从传统社会向现代社会转变过程中经济发展的必然结果，也是传统落后乡村社会转化为现代先进的城市社会的自然历史过程（高佩义，1991）。总体来看，西方城镇化研究理论较丰富，二元经济模型在城镇化研究的早期占据了主导地位，但随着研究的深入，模型被不断改进。在城镇化的空间机制方面，"增长极"理论、"扩散—极化"理论和"核心—边缘"理论占据了主流。20世纪60年代以后的集体消费论、资本积累论、世界城市体系理论和以新国际劳动分工理论为主的新马克思主义城镇化理论风靡一时。此外，基于实证研究总结的"城乡一体化"模式以及基于分工的新兴古典城市化模型也极大地丰富了城镇化理论成果。另外，关于城镇化发展的"S"形曲线规律、集聚经济理论和以中心地理论、首位度为主的城市体系理论等也是比较重要的城镇化研究成果。"城镇化"一词的出现晚于城市化，从字面上理解，两者没有本质区别，有学者认为，城镇化是农业人口非农化，非农产业向城镇集聚，城镇规模不断扩大的过程。1999年中央制定的《关于我国经济社会发展的第十个五年计划的建议》中采用了"城镇化"的提法，结合中国实际，"城镇化"更符合中国国情和特色，因此本书均以城镇化进行表述。

2.2.2 城镇化与经济效率的含义及测度方法研究进展

2.2.2.1 城镇化的含义及测度方法

（1）城镇化的含义。

长期以来，学者们从经济、社会、人口、地理等不同学科层面对城镇化问题进行了广泛而深入的探讨，取得了丰富的学术成果。不同学者、不同学科给出的城镇化定义不尽相同。库兹涅茨（1989）指出城市化是城镇和乡村之间人口分布方式的变化过程。Hudson（1969）、Pederson（1970）、高佩义（1991）认为城市化是传统社会向现代社会转变过程中经济发展的必然结果，也是传统落后乡村社会转化为现代先进的城市社会的自然历史过程。谢文蕙、邓卫（1996）认为城市化意味着乡村生活方式向城市生活方式转化的一个质变过程。总体而言，学者们的普遍观点认为，城镇化一方面表现为农村人口向城市迁移，伴随着工业化过程的推进，人口、资本、产业、市场等由分散向城市集中，城镇规模不断扩大，城镇经济社会化、现代化和集约化程度的提高；另一方面表现为城市文明不断扩散，人们的生产生活方式由乡村向城市转化（郑弘毅，1998；姜爱林，2001；刘传江，2004；陈明艺，2005），以及由此引起的制度变迁过程（邱晓华，2004）。

城镇化的科学内涵包括：外延扩张和内涵优化两个方面的内容。外延扩张是指城市数目、规模合理扩张，内涵优化是指城镇生产、生活方式和文化、景观形态等在乡村地区的渗透、扩展和普及（王发曾，2010），城镇功能增强及城镇体系的不断完善，最终实现城乡的一体化发展目标（庄栋，2012；彭红碧等，2010）。当前的城镇化是城镇与乡村的统筹发展，是以人为本、以工业化和信息化为主要动力，走资源节约、环境友好、经济高效、文化繁荣、城乡统筹、社会和谐，大中小城市和小城镇协调发展、个性鲜明的健康可持续（郭小燕，2011；杨晓东，2010），集约化、生态化道路的发展模式，强调功能的多元化和体系的合理化发展，强调适度和健康的城镇化发展速度（黄亚平，2010；王小刚等，2011），强调人口、资源、环境协调发展的重要性（王发曾，2010；张岭峻等，2010；常益飞，2010；石忆邵，2013）。此外，在对传统城镇化道路进行修正和优化的同时，注重吸收传统城镇化模式中的精髓，如合理发挥政府宏观调控和引导的作用。城镇化有集聚与扩散趋势并存、城市更新步伐加快、动力机制现代化、城市发展个性化和生态化四个重要特征（郭小燕，2011）。

①当前城镇化发展的核心理念是"以人为本"，区别于传统城镇化的"以物为本"发展模式，在传统城镇化道路发展过程中，先进生产要素向城市不断聚集，地区差距、城乡差距不断扩大，粗放式增长带来了资源、环境的严重破坏，资本所得对劳动所得遭到侵蚀，生产、消费、技术等不断异化，给人类自身发展带来严重影响。"以人为本"的城镇化其核心是人本思想，人的需要是经济社会发展的出发点和落脚点，要求资源节约、环境保护、城乡统筹、经济持续增长、民生不断改善，最终实现经济、社会、自然的协调共生发展的目标。

②城镇化是制度创新的城镇化。如何通过制度创新，使城镇化实现发展成果的公平分享，使农村居民在农业现代化过程中过上幸福生活，使城市居民在经济高速发展的同时，享受到城市生态文明，使转移到城市的新市民分享到城市的现代文明，是城镇化发展的必然要求和本质特征之一。

③城镇化是多维度、多主体的发展模式。一方面，传统城镇化发展过分强调城镇人口及比重这一单一维度的提高，城镇化更加注重产业结构、就业方式、人居环境、社会保障等多维度由"乡"到"城"的转变；另一方面，在传统城镇化发展模式中，政府这一单一主体发挥着主导作用，政府的政策取向和行政行为在城镇化进程中起决定性作用，而城镇化强调发挥市场、政府、群众的合力作用，健全以市场为主导，政府合理引导，群众积极参与的多主体城镇化发展协作机制。

城镇化不仅可以促进城市快速发展，也可以大大提高新农村建设水平；不仅有利于扩大内需，也有利于促进可持续发展；不仅有利于实现科学发展这一主题，也有利于加快转变经济发展方式和经济发展速度，从而形成各具特色的城镇体系；协调推进城镇化，不仅是时代的要求，也是现实的需要（张占仓，2010；徐光平，2011）。

(2) 城镇化水平的测度。

对城镇化水平进行测度，一方面，为了对城镇在国民经济和社会发展中的主导作用进行识别；另一方面，为了对不同区域或不同时期之间进行分析比较。一般有两种测度方法：一是单一指标法（人口指标法），是目前国际上比较通用的测算方法，采用城市地区的人口占全地区总人口的百分比表示，通称为"城镇化率"。单一的人口指标存在一定的缺陷，难以反映城镇化质量的差异，如城市基础设施建设水平和人们生活质量的变化。根据统计年鉴所提供的数据采用人口指标法测算的我国城镇化水平异乎寻常地低于经济发展水平及工业化程度（白先春，2004），城镇化水平存在低估现象。二是综合指标法，由于城镇化过程所包含的内容具有多样性，城镇化水平的高低不能用人口城镇化率这个单纯的数字来完全概括，还应包括其文明程度、科技水平、人民的生活质量等内容，采用综合指标既是必要的，也是科学的。综合指标法，又称复合指标法，是指用多个指标所构成的体系对某一国家或区域的综合城镇化水平的进行描述的方法。该方法的优点在于：其一，可以从多方面多角度地考察城镇化水平；其二，可以帮助人们从整体上了解城市经济社会发展状况。但鉴于各地区经济社会情况差异较大，评价指标体系的通用性相对较差，此外，资料收集也有一定难度。

采用综合评价指标法多角度去考察城镇化发展水平的相关文献较为丰富，比较有代表性的包括：清华大学的中国特色城镇化评价指标体系、中国科学院的新型城镇化发展指标体系等。具体来看，指标体系构建中的一级指标多为经济发展、城乡协调、资源环境、公共服务、人居环境、生活方式、社会保障等一系列相关内容（唐国富等，2005；单菁菁，2010；王凯等，2014；蓝庆新，2013），分别从经济、人口、社会、产业、空间等多个方面（王慧，1997；薛俊菲等，2010；陈明星，2009；欧向军，2008；熊湘辉等，2015），实证分析了我国各地区城镇化发展水平，揭示了城镇化发展的质量差异和地区差异。国外方面，联合国社会事务部统计处采用人均收入、非农产值比重、居民医生比率等19个社会经济指标构建的城市化指标体系。美国斯坦福大学教授因克尔斯采用人均GDP、农业增加值占GDP化重、第三产业比重等指标构建的城市评价指标体。其中较有代表性的如方创琳（2011）从经济、社会、空间3个方面提出了由3类12项指标组成的城市化发展质量综合测度的三维指标球及判别标准值，通过阿特金森模型，对中国城市化发展质量及其空间分异特征做了总体评价。安晓亮等

(2013)从资源环境、经济发展、社会发展 3 个层面构建城镇化评价指标体系。景普秋（2011）从城镇化水平、质量、效能和城市管理 4 个方面构建了评价指标体系，对山西特色城镇化进程进行了测算与评价。

城镇化不是简单的农业人口转移（人口城镇化）或土地城镇化（房地产化），而是涉及经济、人口、社会、环境等多方面协调发展的综合过程，如何衡量城镇化发展的综合水平，目前学界尚未达成共识。截至目前，还没有公认的中国城镇化发展水平评价指标体系，部分学者对此作了一些尝试，但由于各自关注的视角有所不同，构建的指标体系也存在较大的差异性，因此，城镇化发展水平测度指标体系目前仍处于探索性阶段。

2.2.2.2 经济效率的含义及测度方法

经济效率指在既定的投入下产出可增加的能力或在既定的产出下投入可减少的能力。经济学上，"生产率"一般是指生产过程中投入品转化为产出品的效率。传统社会经济统计中往往是指"单要素生产率"概念，如劳动生产率和资本生产率等。

描述经济效率最常用的指标是全要素生产率（Total Factor Productivity, TFP）。1942 年，诺贝尔经济学奖得主荷兰经济学家丁伯根，最先提出全要素生产率问题，但他提出的全要素生产率中，将资本、劳动和时间纳入产出函数中，而没有考虑无形要素的投入，如教育、研究与发展等。1954 年，被经济学界推崇为"全要素生产率"鼻祖的 Davis 在其《生产率核算》一书中，首次明确了全要素生产率的内涵，指出全要素生产率不应只对部分要素进行测算，应针对全部投入要素，包括劳动投入、资本投入、能源消耗、原材料消耗、教育投入等要素。随后，Fabficant 认为生产率乃是以经验为依据的投入与产出的比率，并指出全要素生产率的重要性在于涵盖了劳动生产率与资本生产率。J. W. Kendrick（1961）指出，生产率是产出与投入的比率，产出与单一投入要素（如劳动或资本）之比是"局部生产率"，不能全面反映生产效率。只有把产出与全部投入要素进行比较才是全要素生产率。随后索洛将技术进步纳入生产函数中，建立了全要素生产率增长率的可操作模型，从数量上确定了产出增长率、全要素生产率增长率和各投入要素增长率之间的联系。Edward Fulton Denison 在索洛模型的基础上,提出了著名的"丹尼森模型"来测算全要素生产率增长率,把产出增长率扣除各生产要素投入增长率的"余值"定义为全要素生产率增长率。

全要素生产率的度量方法,一类是参数方法,该方法需要设定模型的具体生产函数形式,采用一定的数理统计手段,其中以随机前沿分析(Stochastic Frontier Analysis,SFA)为代表,即在一定的技术水平下,各种比例投入所对应的最大产出集合,由于需要建立生产函数形式,因而在应用中受到一定限制。另一类是非参数方法,即不设定模型的具体函数形式,通过数学规划手段进行计算,其中,以数据包络分析法(Data Envelopment Analysis,DEA)为代表,该方法由Charnes、Cooper 和 Rhodes 在 1978 年提出。相比其他的效率评价方法,DEA 方法的优势在于,比例分析法虽浅显易懂,但只能对单个评价单元进行比较,无法对决策单元的整体效率进行测评。线性回归具有一定的科学性和客观性,但其建立在特定假设基础上,限制了具体评价单元的多样性。此外,多目标分析法、模糊综合评价法和层次分析法等计量方法都需要预先设定各个指标的权数,主观性较强,且缺乏相应的理论和方法指导。相比之下,DEA 方法可以很好地解决多投入的问题,并给出决策单元相对的整体效率值。DEA 模型作为非参数方法,不需要事先设定具体的生产函数,直接通过计算非生成前沿面上的决策单元与生成前沿面之间的相对距离得到生产效率,简化了算法。同时,投入、产出的权重均由数学规划自行产生,避免了主观因素的影响。

1977 年,Aigner,Lovell 和 Schmidt 以及 Meeusen 和 van den Broeck 分别提出了随机前沿生产函数,这种方法将全要素生产率的变化分解为两个部分:技术进步和技术效率的变化,为深入探讨经济增长的源泉提供了一种新的模型和方法。Bloch 和 Tang(1999)比较了全要素生产率增长率和技术变化率,用传统的生产率账户法估计了 TFPG(Total Factor Productivity Growth,TFPG),用一个描述成本结构和新加坡制造业产业平衡条件的内生模型计算了技术变化率。结果显示,非参数法计算的 TFPG 不能完全解释成本节约的技术变化;新加坡绝大部分制造业,一方面存在规模收益,另一方面没有明显的技术变化;然而,最大和增长最快的产业如电子产品和零部件表现出显著节约成本的技术进步和规模报酬递减。

Kankana Mukherjee, Subhash C. Ray 和 Stephen M. Miller (2001) 采用 DEA 方法测算了 1984—1990 年后美国 201 家大型商业银行的生产率增长，根据两阶段面板模型回归结果显示，较大的资产规模与专业化产品组合与高的生产率增长相联系，而高的股权资产通常表现出较低的生产率增长。Sangho Kim 和 Gwangho Han (2001) 采用随机前沿生产模型实证研究结论显示，TFP 增长主要靠技术进步推动，技术效率的变化也对 TFP 增长有显著的正效应，而配置效率阻碍了 TFP 增长。Ihsan Isik 和 M. Kabir Hassan (2003) 基于 DEA 的 Malmquist 生产率变化指数，考察了土耳其金融市场放松管制时期的商业银行的生产率增长、效率增长和技术进步。研究发现，不同等级的所有银行生产率的增长主要来源于效率的提高而不是技术进步，而效率的提高归因于资源管理实务的改进而非规模的提高。Baier, Dwyer 和 Tamura (2006) 采用 145 个国家中 23 个国家长达 100 多年数据，考察了物质资本和人力资本增长及 TFP 增长的相对重要程度。在这些国家中，只有 14% 的产出增长与 TFP 增长相关；大部分 TFP 增长方差的重要性在不同国家伴随着负的 TFP 增长。Barbara Dettori, Emanuela Marrocu 和 Raffaele Paci (2010) 考察了 2006 年欧洲各地区不同生产率水平的影响因素。首先，根据空间 CD 生产函数的估计结果，可以得到各地区的 TFP 水平；其次，分析影响 TFP 水平的影响因素，如人力资本、社会资本和技术资本等无形资产，采用空间 2SLS 和 SHAC 方法来解释异方差性和空间自相关。研究结果发现，欧洲各地区大部分 TFP 水平的不同是由于这些无形资产禀赋的差异造成的。

2.2.3 城镇化与经济效率关系的相关文献

现有文献对城镇化对经济增长的作用研究不可谓不多，并取得了丰硕的研究成果。但随着我国城镇化和经济发展由量到质、由规模到结构的纵深发展需要，仅仅对城镇化对经济增长推动作用的存在性证明以及两者之间变动数量关系的研究显然已经不能满足现实需要，现有研究的解释力仍显不足。具体来说，一是城镇化内涵的转变，传统研究习惯于采用人口城镇化率这一单一指标来衡量地区城镇化发展水平，这与新时期"以人为本"、城乡统筹、城市宜居、公共服务体系健全发展等城镇化的科学内涵不符。二是传统城镇化发展道路是政府主导的被动、粗放的城镇化发展模式，造成效率低下、土地资源过度消耗、环境污染、生态破坏等一系列问题，对经济增长的可持续形成制约。在对城镇化对经济增长的促进作用研究的基础上，深入研究城镇化发展对经济效率提高，对经济质量改善的作用，是对现有理论研究的重要补充，也是具有现实意义的重要课题。新常态下，经济效率的提升需要新的增长动力支撑，城镇化被认为是下一阶段推动我国经济持续、高效增长最重要的引擎。基于此，本章将对现有相关理论和文献进行系统梳理，为找到城镇化促进经济效率改善的机制奠定必要的理论基础。

大量研究表明，城镇化水平与经济增长之间具有显著的正相关关系（Lampard，1955；Berry，1965；Henderson，2000），城镇化对要素的集聚效应是推动经济增长的重要引擎（L. Bertinelli and Black，2004；周一星，1982；陈彦光（2011），人力资本及信息外溢效应有利于增强城镇的集聚能力（Romer，1986；Lucas，1988），从而进一步促进经济增长，前者反映的是城镇化通过要素集聚促进经济增长的问题，后者则反映城镇化如何在知识外溢性作用下提高经济增长效率的问题。中国经济增长与宏观稳定课题组的研究发现各国的城镇化随着人均GDP的增长而提高。Becher和Murphy（1992）认为，城镇化过程中协调成本的降低、可用知识的增加有利于分工的深化以及专业化水平的提高，进而促进经济的增长。国内一些学者认为我国快速的城镇化进程主要依赖于大量的要素投入，其中资本要素投入的高增长（王志刚、龚六堂等，2006）、基础设施投入（王小鲁，2002；刘生龙，2010）、消费需求的增加以及体制机制的创新（王国刚，2010）对城镇化的快速增长发挥着重要的作用，形成经济持续稳定增长的强大动力。中国经济增长前沿课题组认为，公共基础设施投资的扩张推动了我国城镇化和区域经济增长，政府的土地财政对城镇化具有直接加速效应。李强等（2012）研究发现我国城镇化的突出特征是政府主导、大范围规划、整体推动、土地的国家或集体所有等。沈坤荣等（2007）研究指出，城镇化通过要素积累和结构变革两个方面共同影响经济增长。蔺雪芹等（2013）通过时间序列数据分析进一步指出，当前我国城镇化对知识资本及现代服务业等高端生产要素的集聚作用尚不足。崔宇明等（2013）通过面板数据分析认为，集聚效应与全要素生产率之间存在非线性关系，城镇化水平越高，集聚效应对全要素生产率增长的促进作用越强。从实证角度探寻城镇化对经济增长的经济效应。Henderson（2000，2009）对多个国家城镇化发展分析发现，城镇化率与人均GDP的相关系数达到0.85，并进一步指出，我国地级城市的经济规模远没有达到最优水平，城市规模翻一番，人均实际产出将提高20%~35%。徐雪梅等（2004）通过对2002年截面数据分析指出，在其他条件不变的情况下，城镇化水平每提高1%，可以拉动该地区人均GDP增长4.17%。段瑞君、安虎森（2009）的研究表明，城镇人口增量每变化1%，GDP增量变化11.56%~11.85%。朱孔来等（2011）采用2000—2009年省级面数据分析表明，我国城镇化率每提高1%，可以维持7.1%的经济增长。王婷（2013）采用我国省级面板数据，研究结果显示，2007—2011年，人口城镇化对经济增长总体效应为1.41。以上研究，总体上表明城镇化对经济增长存在正向促进作用。城镇化已经成为我国扩大内需的长期动力和推动我国经济持续健康发展的新"引擎"，能否有效释放城镇化的经济效应，提高城镇化发展质量，关键取决于一系列公共政策的集合及一系列改革难题的突破（张占斌，2013）。

以上研究文献主要强调城镇化水平对经济增长的推动作用，鲜有关于城镇化质量提高对经济增长效率的影响这一重要课题的研究，涉及该课题的为数不多的文献包括：倪鹏飞（2013）认为新型城镇化能够促进城市和乡村基础设施一体化、公共服务均等化以及农民知识、技能、素质、收入的提高，是提高经济效率、消除二元结构和实现社会公平的必经之路。姚士谋等（2015）指出，城镇化是事关我国社会经济发展的综合性课题，新型城镇化突出以人为本，强调市民化和公共服务均等化，是实现中国经济健康稳定发展的关键，是一项政府主导的大型公共工程，将影响数亿广大农民的切身利益，也必将影响全体城乡居民的福祉（周柏春和娄淑华，2015）。林勇等（2015）通过DEA方法探讨了我国2002—2011年30个省（自治区、直辖市）的土地城镇化的经济效率变化情况，并且利用固定投入、单一产出的Malmquist指数对比分析了土地城镇化对各项产出的影响程度，研究结果表明，土地城镇化对政府财政收入产生的直接影响，远大于对人均GDP的影响，且对第二产业的推动作用大于第三产业。王兵等（2014）采用中国 112 个环保重点城市 2005—2010 年数据，对城镇化与绿色发展效率的关系进行了实证研究，研究指出，居民城镇化对绿色发展效率有显著的促进作用，而就业城镇化、经济城镇化和综合城镇化对绿色发展效率则产生显著的先抑制后促进的影响。对相关文献进行系统梳理发现，关于城镇化对经济效率问题的研究文献相对不足，且现有研究多是以理论分析为主，缺少城镇化对经济效率研究的经验证据，而从空间视角的研究目前尚未发现。

20 世纪 70 年代后，空间计量经济学的发展打破了传统计量经济学对于样本空间独立、均质的假定，学者逐步将空间计量方法应用到要素集聚、技术溢出、人力资本外溢等空间外部性问题的研究中。Ying（2000，2003）较早对我国"内核地区对外围地区"的空间溢出效应进行研究，指出我国区域间经济增长存在显著的相关关系。Brun 等（2002）、Zhang 和 Felmingham（2002）、Groenewold 等（2007）研究表明，我国东、中、西部三大经济区间存在空间溢出效应，并进一步指出空间溢出效应更多地表现为沿海地区对内陆地区的溢出。吴玉鸣等（2006）、丁志国等（2011）通过空间计量回归分析了城镇化对城乡收入差异的影响。胡鞍钢等（2009）、刘生龙等（2010）、张学良（2012）等通过构建空间溢出模型，研究了城市基础设施对区域经济增长的空间溢出效应。此外，一些学者还从科教支出（骆永民，2008）、人口红利（钟水映等，2010）、人力资本（逯进等，2014）、地方政府公共支出、技术外溢（赖明勇等，2005）等不同方面，研究了各自对经济增长的空间溢出效应。

此外，一些学者专门针对中部地区城镇化问题进行了研究，例如，柯善咨（2009）使用空间计量联立方程对中部六省 579 个市县的非农经济增长和溢出效应进行了分析，结果表明，在一定地理范围内，城市间 GDP 增长有相互促进作用。吕健（2011）采用探索性空间数据分析方法，研究指出，空间效应对中部地区城市化水平的地区收敛具有正向作用。马成文、魏文华（2012）对安徽省城镇化与产业结构升级进行实证分析，结果表明城镇化发展是安徽省产业结构升级的重要动因，但城镇化发展滞后于产业结构升级。李贤智、刘爱龙（2011）对城镇化与产业集群互动发展关系进行了实证分析。吕景春、胡钧浪（2011）论证了城镇化发展对扩大内需的作用机理，并对中国农村城镇化的路径进行了探讨。此外，一些学者还分别研究了城镇化发展与工业化、城乡消费、经济增长之间的关系（刘涛、赵志亮，2011；鞠成江、吕金岗，2012；蒋南平等，2011）。近年来，我国城镇化水平的地区贡献内陆化趋势逐渐显现，内陆地区在新一轮人口城镇化进程中发挥着越来越强的支撑作用，中部地区的发展变化尤其突出。王开泳等（2008）基于空间视角总结了中部地区城镇化发展的空间特征，指出中部地区人口城镇化总体水平偏低，但速度较快，各省的离心化倾向明显，城镇体系结构不合理，地区间人口规模相差较大，区域内城镇化发展差异明显，都市圈集聚经济初步形成，并得出中部地区的城镇人口空间分布的集聚态势明显，城镇化区域差异将进一步扩大的结论。纵观国内外研究现状，针对本课题的相关研究成果鲜为少见。

改革开放前30年，城镇化的发展目标主要是改变中国城镇化发展滞后的问题，而进入新常态后，城镇化的发展目标则是以人为本，提高城镇化质量的发展阶段。（1）现阶段，我国进入经济结构调整的关键时期，提高经济效率是经济转型发展的必然要求，对城镇化与经济效率两者关系的研究尚不足；（2）就区域而言，大多数学者对城镇化和经济效率的研究，多是从全国或某一特定省份的视角进行的研究，将中部地区六省的城镇化发展作为研究对象，采用城市层面数据的分析较少，中部地区有其特殊的经济社会文化特征，对其进行专门的研究是认识和了解我国城镇化发展的客观需要，而从城市这一相对较小单元的研究更能够全面细致地反映现象的本质；（3）从采用的测算方法来说，大多数学者是在传统经济学空间单元相互独立假设下采用传统计量方法展开的实证分析，其空间独立的假设与现实不符，因此传统计量方法得到的回归结果存在偏误。现有文献在分析城镇化水平的大小、变动趋势及其对经济发展的影响时，缺乏区域经济差异的空间特征测度和分析，没有考虑到空间依赖性和空间异质性给结果带来的影响。以空间的视角研究中部地区城镇化发展的空间格局，以及城镇化对经济效率改善的作用研究相对不足。

2.2.4 对已有研究的评价

对现有文献进行系统梳理发现，学者们采用不同时间维度和空间维度的数据，对不同时期、不同区域的城镇化发展和经济增长问题进行分析，并对城镇化和经济效率（全要素生产率 TFP）进行测度。由于研究对象和研究方法的不同，学者们得出的结论也具有明显的差异。

(1) 城镇化影响经济效率的机理及改善机制研究尚不多见。

纵观国内外相关研究发现，学者们对城镇化对经济效率的改善问题研究文献鲜有见到，对两者的作用机理研究不足。更多的研究局限于城镇化对经济增长作用的存在性证明，而对城镇化对全要素生产率影响的理论研究不足。而从空间视角，考虑地区之间空间关联性在两者作用过程中的影响的研究更为少见。城镇化本身是涉及经济学、社会学、地理学、管理学等学科的概念，因此，多学科交叉的研究方法是我们客观准确全面把握本书的重要内容。当前，城镇化发展是我国经济结构调整、经济发展方式转变的突破口和抓手，从理论上看，城镇化对经济效率改善的作用是明显的，从实际来看，这种研究也是契合当前国家经济社会发展需要的重要课题。而城镇化对经济效率改善的作用研究还非常欠缺。以城市这一相对省级或全国层面的较小单元为研究对象，有利于我们更加充分地认识其效率改善的影响机理，同时，提出的政策建议也更具针对性。

(2) 中部地区经济效率静态与动态演进的对比分析还较少见。

伴随着经济的快速发展，经济活动的空间分布也不断变化，传统的城镇化发展模式导致经济粗放增长，经济社会的结构失衡与效率低下问题日益凸显。实现城镇化的良性发展，构建"以人为本"的城镇化道路、提升经济效率是国家长期健康持续发展的重要课题，而现有研究尚不足。鉴于中部地区在国家经济社会发展中越发重要的战略地位，现有文献缺少从空间尺度专门针对中部地区经济效率静态与动态系统、全面的经验证据。

(3) 通过城镇化提升中部地区经济效率的对策研究有待进一步丰富。

现有研究多侧重于对不同地区和时期城镇化与经济效率的测算，对于通过城镇化改善经济效率的对策建议较少提及，其现实中的可操作性更是值得商榷。鉴于本书的内容，城镇化能否实现经济效率的动态条件收敛，进而缩小区域内发展差异是实现区域协调持续发展的重要课题，而基于中部地区地级城市数据，以空间尺度对城镇化与经济效率展开系统的理论与实证研究,并提出科学合理可操作性的政策建议,是目前理论研究亟待探索和完善的内容。

2.3 城镇化与经济效率的机理分析

2.3.1 理论基础

(1) 非均衡增长理论。

法国经济学家佩鲁1955年基于经济单元之间的联系,部门分工所决定的产业联系为主要内容,提出了增长极的概念,他认为增长首先出现在经济系统的某些部门,通过扩散效应影响整个经济,那些规模大、创新能力高、增长相对快、居支配地位的部门是经济的主导产业部门。布代维尔从理论上将增长极概念的经济空间推广到地理空间,认为经济空间不仅包含经济变量之间的结构关系,也包括经济现象的区位关系,他主张通过"最有效地规划配置增长极并通过其推进工业的机制"来促进经济增长。1957年缪尔达尔提出循环累积应理论,发展快的地区发展更快,经济系统的各因素之间相互作用、互为因果、循环累积,因此,要防止累积因果造成贫富差距的无限扩大,政府应当制订科学合理的政策刺激落后产业、部门的增长。增长极理论认为区域间不平等是经济增长的前提条件,也是不可避免的伴生物。1958年,赫希曼在《经济发展战略》一书中提出"非均衡增长",指出鉴于各地区资源禀赋、自然条件等的差异,经济发展水平与速度存在差异具有一定的必然性,但不平衡增长的目的是实现更高层次和更高水平的平衡增长。20世纪60年代,弗里德曼提出中心—边缘理论,拓展了佩鲁的增长极理论,认为经济活动的空间组织通常具有强烈的极化效应与扩散效应,随着中心区经济能力的不断强化,一方面极化效应明显,形成对边缘区域的支配态势;另一方面能量逐步溢出,向周边扩散,城市作为区域中心与边缘农村地区通过极化与扩散效应相互作用,带动区域整体发展。

（2）内生增长理论。

内生增长理论主要分为两大类：一类是以阿罗（Arrow）的"干中学"为基础，由罗默（Romer）引入动态最优化方法而发扬光大，在这一过程中强调技术和知识外溢对经济增长的促进作用。另一类是将人力资本积累作为经济增长的持续动力，卢卡斯（Lucas）在拉姆齐（Ramsey）的消费者最优化方法基础上引入人力资本变量。城市的天然属性必然带来劳动、资本、技术等生产要素的集聚效应，人口、技术、产业在空间上越集中外溢效应越强，城市是知识外溢、收益递增的源泉。城镇化的内生增长模型国内研究方面，陈晓光、龚六堂（2005）做了有益尝试，将城镇化过程和人力资本积累对经济增长的推动作用模型化，从而揭示了城镇化和人力资本共同推动经济增长的内在机制。内生增长理论认为，城镇化在人力资本积累和技术创新及外溢等中介作用下推动经济增长。

2.3.2 城镇化提升经济效率的机理解释

长期以来，政府主导的被动、粗放的城镇化发展模式造成效率低下、土地资源过度消耗、环境污染、生态破坏等一系列问题，对经济增长的可持续形成制约。现阶段，由于潜在增长率下降，国内外需求疲弱，加之部分行业产能过剩以及资源、能源、环境约束趋紧，我国经济发展进入由规模速度型增长模式向质量效率型转变阶段。新常态下，经济效率的提升需要新的增长动力支撑，城镇化被认为是下一阶段推动我国经济持续、高效增长最重要的引擎。

通过对基本理论及现有文献进行系统梳理，本书从人口城镇化、公共服务城镇化、产业城镇化、城乡一体化、生态环境可持续五个方面内容深刻阐释城镇化的科学内涵，进而提出城镇化促进经济效率改善的机制与路径。全面反映城镇化在以人为本的核心理念指导下，以创新驱动和结构转型发展为根本动力的经济发展道路，从而实现在民生不断改善、结构逐步优化、资源环境节约的经济高效发展的战略目标，如图2-3所示。

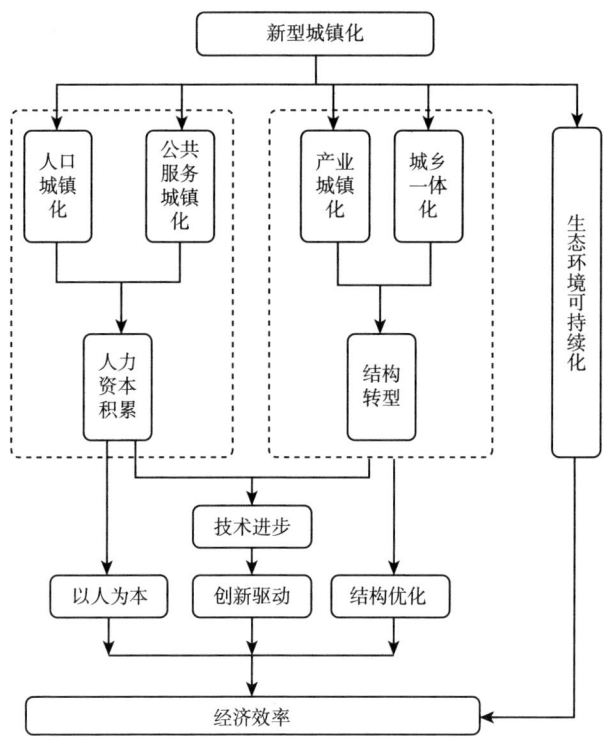

图 2-3 城镇化促进经济效率的机制

（1）以人口城镇化和公共服务城镇化发展促进人力资本积累，进而有助于经济效率提升。

一般而言，城市的人力资本水平高于农村是符合客观的事实，因此，伴随着人口由农村向城市的迁移，必然伴随着人力资本水平在一定程度上的提高。而基础设施、公共医疗卫生条件的改善，不仅为城市也包括广大农村地区人力资本水平的提高与人力资本存量的积累提供了条件。早在1960年舒尔茨就尝试以人力资本积累解释现代经济增长之谜，广泛的研究均证实了人力资本对于现代经济发展的重要作用。此后，Lucas（1988）将人力资本作为生产要素引入增长模型，揭示了剔除人口增长这一外生变量的影响，人力资本积累是经济持续增长的真正源泉。个人通过接受教育、培训等途径获得的具有经济价值的生产性服务便是资本（Schultz，1990），人力资本主要表现为人们知识、才干和技能等方面的内容（Schultz，1962），此后，贝克尔进行了有益的补充，认为人力资本还应当体现出时间价值，即人力资本还意味着时间、寿命和健康的内容（贝克尔，1987）。

人力资本对于经济效率的提升作用，具体体现在：①人力资本作为重要的生产要素之一，是经济持续高效增长的重要源泉。②人力资本的提高能增加个人收入，增强人们的消费能力，一方面扩大内需，拉动消费总需求；另一方面促进消费结构转变，有利于产业结构的转型发展，进而对经济效率提升产生影响。③较高的人力资本水平能够显著增强人们在进行资源配置以及应对非均衡状况下，感知、及时把握和迅速采取行动的能力（姚先国，1997），而这种能力的提高有助于资源的优化配置，从而获得更高的经济和社会价值。

（2）人力资本的提高以及产业结构升级推动技术进步的发生，以创新驱动经济效率提升。

根据新经济增长理论，资本、劳动力和技术是一个国家经济实现稳定可持续发展不可或缺的因素，随着新增长理论对外部性研究的深入，技术创新对经济增长及效率提升的作用越来越引起人们的重视。熊彼特的创新增长理论为创新理论的发展奠定了学源基础。城镇化过程中生产要素在空间上的集聚有利于集聚地的自主创新，并在知识外部性的作用下向周边地区扩散，带来正的技术外溢和扩散效应（仇怡，2013）。新常态下，由要素驱动、投资驱动转向创新驱动，是转变经济发展方式的必然选择（辜胜阻，2013；任保平等，2013；李晓鹏，2015）。人力资本积累作为技术进步的载体，通过"干中学"和知识外溢诱发技术创新，同时有助于技术的引进与吸收，进而对社会生产率产生积极影响。

（3）产业城镇化与城乡一体化有助于经济社会结构优化，提升经济效率。

结构因素是影响经济效率的重要因素，长期以来，产业结构不合理和城乡二元经济的存在对我国经济效率提升存在极大约束。经济结构的变化本质上是资源从生产效率低的部门向生产效率高的部门配置的过程（斯蒂格利茨，2001），因此，结构优化意味着经济效率的提高。以城镇化为载体，产业结构和城乡结构等结构优化，要素、资源在产业之间、城乡之间转换和流动，从低生产率水平或低产生率增长率的部门、行业、产业流向高生产率或高生产率增长率的部门、行业和产业,从而产生"结构红利",成为经济增长的重要引擎以及经济效率提高的重要原因。Kuznets(1971)在其《各国的经济增长——总产值和生产结构》一书中曾指出,经济的高增长与结构变动之间具有密切联系,Henderson(2003)以不同国家、不同时段的面板数据为经验证据,得出了推动经济增长的并非城镇化本身,而是城镇化过程中发生的各种结构变化的结论。新时期,以城镇化为依托的经济社会结构调整,其作用机理在于,集聚效应有助于优化地区产业结构,提高经济效率。

(4)以生态环境可持续发展为契机,提高资源的利用效率,提升经济效率。

生态保护和经济发展更多地被视为一对矛盾体,不可兼得。这种矛盾性在当前的中国体现得可谓"淋漓尽致"。长期以来,一味注重经济收益的发展模式,带来了严重的生态问题。而实际上,两者也具有统一性,当经济系统能够真正通过环境保护、技术研发降低能耗、物耗,提高资源利用效率,那么,在提高经济效益的同时亦能获得生态效益,以生态环境保护倒逼经济效率提升。

2.3.3 模型构建

对于城镇化对经济效率的数理模型构建,现有文献涉及较少,本书将对陈晓光、龚六堂(2005)建立的以人力资本积累为经济增长动力的城镇化模型进行拓展,构建以城镇化和技术进步为经济增长动力的模型。之所以将技术进步变量纳入模型中,主要是因为基于以下考虑。

第一,技术进步作为传统经济增长模型中的内生变量,对经济增长及效率提升具有重要的促进作用。

传统城镇化道路下资源高消耗、城乡分割、地区发展不平衡等问题突出,新常态下,城镇化发展不能再是简单的产业扩张,应当走一条"以人为本"、创新驱动的可持续发展道路(倪鹏飞,2013)。发达国家经济增长的动力主要来源于科技进步,创新驱动也是未来我国经济可持续发展的重要战略选择(袁博,2014)。自中央提出创新驱动发展战略以来,各地区为响应号召,纷纷出台各类政策措施,积极推进,然而,从现实情况看由于各地区经济发展情况、创新水平和吸收能力存在较大差距，各地区在落实创新发展战略时的基础条件不一致。一个地区技术创新水平与吸收技术的能力受到人口数量、人力资本、教育发展水平、基础设施、文化等综合经济因素的影响，而这些因素的完善和提高与城镇化进程具有密切关系（刘和东等，2009；刘贵文等，2009）。

第二，地区技术创新水平与其吸收技术的能力具有密切关系，而与技术吸收能力相关的，如人口数量、人力资本、教育发展水平、基础设施等内容与城镇化之间具有密切关系，因此，城镇化发展对技术创新具有重要影响。

目前，关于创新、城镇化与经济增长三者关系的研究主要集中在以下几个方面：一是对城镇化与技术创新的关系研究，根据 Lucas（1988）、Feldman（1999）、程开明等（2008）等人的研究，城镇化是一国技术创新不可忽视的因素之一，城镇化能为技术创新带来正的外部性。与此同时，技术创新则通过物质与能量的输出，对城镇化进程产生反作用。城市与创新的相互作用，具体表现为以时空为参照系、城镇化水平与创新能力相互作用的界面特征（王永锋等，2007）。二是研究创新和城镇化对全要素生产率或经济增长的作用。发达国家发展经验和现有研究文献均表明，城镇化是推动一国或地区经济增长的重要驱动力（Henderson，2000；王小鲁，2002；路永忠等，2005），创新有助于地区产业结构升级、推动区域经济增长方式转变（魏后凯，2011），提高地区的全要素生产率，根据白俊红等（2016）的研究，周边地区创新驱动对地区间经济收敛具有明显的促进作用。三是综合研究城镇化、技术创新与经济增长（或全要素生产率）三者关系。程开明（2009）、魏下海等（2010）等学者的研究表明，城镇化通过创新的中介效应驱动全要素生产率增长，进而推动经济增长。

（1）假设提出。

城镇化对技术创新的作用主要体现在两个方面：一是伴随城镇化进程的推进，生产要素向城市集聚，从而引致技术创新活动的发生，一般而言，城镇化水平越高，城市规模越大，技术创新活动越多；二是城镇化过程带来技术外溢和扩散，促使地区之间技术和知识共享，进一步促进当地的技术创新，形成"创新—溢出（扩散）—再创新"的良性循环。而技术创新将更多的知识产权、创新项目转化成生产力，改善投资软环境及产业配套条件，有助于提升城镇化发展质量,两者互相影响共同促进经济持续向好发展。基于以上理论依据,我们提出以下假设,其中,假设2-1和假设2-2主要围绕本地区城镇化发展及技术进步对经济增长的作用。假设2-3则涉及地区间技术溢出对经济增长的影响。

假设2-1:技术创新对经济增长存在正向促进作用,创新驱动经济增长命题成立;

假设2-2:地区间存在技术创新溢出,同时,技术溢出对地区经济增长的作用存在异质性;

假设2-3:城镇化具有创新效应,同时存在门槛特征,即创新促进经济增长的效果受到地区城镇化水平的影响。

卡尔多事实描述了发达工业化经济在短期内人均产出增长率基本不随时间变化的现象,但有学者提出将欠发达国家包括进来,或者考虑更长的时期,卡尔多事实反映的规律就会消失。传统的经济增长理论大多将总产出作为因变量,很难反映经济结构变化的影响,然而在现代经济中,经济结构变化对经济增长的贡献越来越大,也会影响到经济增率,Clark (1940)、Kuznets (1957)、Chenery (1960)、Groot (2000) 等人的相关研究均涉及经济结构变化,但大多没有讨论经济结构变化与经济总量之间的关系问题。城镇化过程是生产要素在空间上集聚的过程,也是经济社会空间结构变迁的过程,要素在空间上的集聚带来正的技术和知识外溢,促进地区经济增长及效率提高。伴随着新增长理论和新经济地理学的发展,城镇化对技术创新的作用逐步引起学者们的重视。本书拟构建城镇化—技术创新—经济增长模型,揭示以城镇化和技术创新为动力的经济增长路径。

(2) 城镇化—技术进步—经济增长模型构建。

我们假设:技术进步与研发人员投入成正比,研发人员规模是技术进步的递增函数,在城镇化过程中,人口转移增加了研发人员规模,促进了技术进步,进而促进经济增长。

t 时刻出生的农村人口为 x_t,城市人口为 $1 - x_t$,$t+1$ 时刻 x_a 选择留在农村,x_{bt} 迁移到城市实现城镇化,x_{b1t} 从事生产制造,x_{b2t} 从事科技研发,$x_{bt} = x_{b1t} + x_{b2t}$,为方便起见以下均省略时刻 t。

设农业生产函数为：

$$F(x) = x^{\alpha} \quad (2-1)$$

服务品生产函数：

$$s = A^{\theta} \cdot z \quad (2-2)$$

其中，θ 描述制造业技术外部性的大小，$0 \leq \theta \leq 1$，θ 越大服务业从制造业获得的知识溢出越强，θ 等于 0 表示服务业没有从制造业获得任何技术溢出，θ 等于 1 表示制造业的技术水平向服务业充分溢出。此外，我们假设迁移人口中从事科技研发的人口占总迁移人口的比例为常数 ε，即：

$$x_{b2} = \varepsilon x_b \quad (2-3)$$

计算可得：

$$x_{b1} = (1-\varepsilon)x_b, \quad x_{b2} = \varepsilon x_b \quad (2-4)$$

其中，A 表示劳动的边际产品，g 表示技术进步率。

$$A(t+1) = (1+g)A(t) \quad (2-5)$$

假定只有制造业部门存在技术进步，同时，技术进步速度与研发人员数成正比，为简化方程，假设城市初始研发人员 x_{b0} 为 0。

$$g = \varphi(x_{b2} + x_{b0}) \quad (2-6)$$

可得：

$$A(t+1) = [1 + \varphi(x_{b2} + x_{b0})]A(t) \quad (2-7)$$

即：

$$A(t+1) = (1 + \varphi\varepsilon \cdot x_b)A(t) \quad (2-8)$$

可知，技术进步的速度与迁移人口规模成正比。

假定劳动力市场不存在转移成本，劳动力市场无套利的条件要求：

$$F'(x) = A(t) = w(t) = A/(1+\varepsilon) = pA^{\theta} \quad (2-9)$$

由式（2-9）分别得到服务品的价格：

$$P = \frac{A^{1-\theta}}{1+\varepsilon} \qquad (2-10)$$

农业就业人数：

$$x = [\alpha(1+\varepsilon)/A]^{1/(1-\alpha)} \qquad (2-11)$$

土地的租金：

$$R = F(x) - xF'(x) = (1-\alpha)x^{\alpha} \qquad (2-12)$$

由式（2-9）、式（2-11）、式（2-12）计算可得个人可支配收入，即人均GDP：

$$I = W + R = A/(1+\varepsilon) + (1-\alpha)x^{\alpha} \qquad (2-13)$$

当事人的预算约束：

$$c + p \cdot s \leq I \qquad (2-14)$$

假设当事人的偏好为：

$$U(c,s) \qquad (2-15)$$

选择在约束条件（2-14）下的最大化效用函数，由消费者最优化一阶条件得到：

$$pu_c = u_s \qquad (2-16)$$

设定效用函数为CES形式：

$$U(c,s) = \frac{1}{1-\sigma}(c^{\eta}s^{1-\eta})^{1-\sigma} \qquad (2-17)$$

η是个人收入的函数，$\eta_i = \eta(I_i)$，则式（2-16）可以改写为：

$$p = \frac{c}{s} \cdot \frac{1-\eta(I)}{\eta(I)} \qquad (2-18)$$

均衡时，消费品和服务品市场出清的条件分别为：

$$c = x^\alpha + \frac{A}{1+\varepsilon}y \qquad (2-19)$$

$$s = A^\theta z \qquad (2-20)$$

记农民、制造业、服务业工作人员的收入分别是 I_x、I_y、I_z,由以上分析得到:

$$I_x = w_x + R \qquad (2-21)$$

$$I_y = I_z = w_y + R \qquad (2-22)$$

I 表示 GDP,则:

$$I = xI_x + yI_y + zI_z \qquad (2-23)$$

当事人在预算约束下最大化效用得到:

$$c_i = i\eta(I_i)I_i \qquad (2-24)$$

$$s_i = i[1 - \eta(I_i)]I_i \qquad (2-25)$$

其中,$i = x, y, z$,再由式(2-18)得到服务品价格 p:

$$p = \frac{c}{s} \cdot \frac{1 - \eta(I_z)}{\eta(I_z)} \qquad (2-26)$$

均衡时,消费品市场和服务品市场出清的条件分别是:

$$x_\alpha + \frac{A}{1+\varepsilon}x_b + \frac{A}{1+\varepsilon}y = \sum_{i=x,y,z} i\eta(I_i)I_i \qquad (2-27)$$

$$p \cdot z = \sum_{i=x,y,z} i[1 - \eta(I_i)]I_i \qquad (2-28)$$

由式(2-4)、式(2-11)和式(2-13)可得:

$$\frac{\Delta I}{I} = \left\{ \frac{A/(1+\varepsilon) - \alpha[\alpha(1+\varepsilon)/A]^{\alpha/(1-\alpha)}}{A/(1+\varepsilon) + (1-\alpha)[\alpha(1+\varepsilon)/A]^{\alpha/(1-\alpha)}} \right\} \cdot \frac{\varepsilon}{1+\varepsilon}\varphi \cdot X_b \qquad (2-29)$$

由式(2-29)可知,经济增长与城镇转移人口的规模成正比关系,即城镇化水平对经济增长产生正向促进作用。

2.4 空间溢出效应释义

2.4.1 空间计量经济学的核心思想

地理学第一定律告诉我们,任何事物之间都是相关的,分析中涉及的空间单元越小,离得越近越有可能在空间上密切关联(Anselin and Griffin, 1988)。经济主体之间存在不同程度的空间效应,即空间的依赖性和空间的异质性。从计量角度看,忽视空间效应的普通计量回归结果在一定程度上是有偏的(Anselin, 1988)。空间相关性(又称为空间依赖性)是指空间个体观测值之间相互依赖、相互影响。造成空间相关性的主要原因在于要素在空间上的流动、技术溢出等。空间异质性指空间单元存在发达地区和落后地区、中心(核心)和外围(边缘)地区等经济地理结构的非均质性。传统的城镇化对经济增长促进作用的研究,极少涉及空间因素,从现有文献看,多数研究是通过截面数据,对两者关系的定性静态分析,缺少城镇化对经济增长空间效应特征的动态研究。随着我国市场化程度的不断提高,区域之间资源要素流动不断加快,空间外部性成为研究经济问题不可忽视的因素。

空间经济学的思想在区域经济学中的体现最早可以追溯到18世纪末期,德国古典区位代表人物冯·杜能在其巨著《孤立国同农业和国民经济的关系》(以下简称《孤立国》)中所阐述的农业区位理论,在其后,韦伯的工业区位论,新古典区位理论代表人物克里斯塔勒、廖什的理论也都体现出了空间经济学的思想,克里斯塔勒提出了中心地理论,廖什在1939年出版的《区位经济学》(原名《空间体系经济学》),将一般均衡理论应用于空间分析。自1991年克鲁格曼在《规模报酬与经济地理》(Krugman, 1991)一文中建立了"中心—外围"模型并将空间因素引入主流经济学分析框架之后,经济学家们对空间因素的重视程度与日俱增。而真正空间经济理论诞生的是20世纪90年代由三位经济学家合著的"*The spatial Economy*",作者是日本京都大学的藤田荣一(Masahisa Fjuita)、美国麻省理工学院的保罗·克鲁格曼（Prugman Krugman）和英国伦敦经济学院的安东尼·J.维纳伯尔斯（Anthony J. Venables）。2008年，克鲁格曼因其在国际贸易与经济地理方面的研究成果获得诺贝尔经济学奖，空间经济学逐步纳入主流经济学的视野。空间计量经济学作为空间经济学的重要组成部分，也取得了快速发展，弥补了传统计量方法的缺陷，从而更加准确地检验和识别空间因素的相互关系、作用方向以及影响强度。

2.4.2 本书空间溢出效应的研究思路

（1）城镇化空间效应的内涵。

①城镇化发展水平的空间差异研究。

由于我国地域辽阔，各地区经济社会及城镇化发展水平存在显著的地区差异。城镇化发展的空间差异既包含地区间城镇化发展的绝对水平差异，也反映地区间城镇化发展速度的差异。20世纪90年代初期，辜胜阻和朱农（1993）利用实证方法对中国不同区域以及30多不同省区都进行了差异化研究，结果表明，地区城镇化发展与区域经济发展水平相适应，西部地区自然条件和经济基础相对较差，城镇化发展的增长潜力有限，而对于中东及东北地区而言，城镇化发展模式的调整将成为今后城镇化发展的主要任务。蔡继明等（2010）主张中国应以发展大城市为主的城市化发展路径，强调城市从空间扩张到注重人的福利公平共享以及社会关系和谐发展的转变是中国城市化发展的核心问题。张林江（2012）指出中国城镇化发展过程中积累了很多矛盾和问题，这要求我们反思城镇化发展战略，利用"新思维"来处理城镇化的问题。此外，有部分文献关于城镇化发展水平的研究是针对我国某一特定区域的。如沈建芬和刘葆金（2003）利用实证方法研究了江苏省的城镇化发展水平；王富喜和孙海燕（2009）对山东省城镇化发展水平进行了测度并且分析了其空间差异；梁振民等（2008）、韩江涛和龚新蜀（2010）、吕一清（2010）、任海亮等（2010）研究了中国各省区市的城镇化发展水平。

②城镇化对经济效率的空间溢出效应。

城镇化对经济增长的空间溢出效应指的是地区城镇化发展在促进本地区经济

增长的同时，对周边地区经济增长带来的溢出效应。20世纪70年代后，伴随着空间计量的兴起，学者逐步将空间计量方法应用到要素集聚的空间外部性问题的研究中。柯善咨（2009）使用空间计量联立方程对中部六省579个市县的非农经济增长和溢出效应进行了分析，结果表明，在一定地理范围内，城市间GDP增长有相互促进作用，地级市GDP对县级市和未设市的县镇具有显著的扩散作用。吕健（2011）采用探索性空间数据分析方法，研究表明，空间效应对城市化水平的地区收敛具有正向作用。丁志国等（2011）采用省级面板数据构建空间计量模型，实证研究了城镇化对城乡收入差距的空间溢出效应，指出相邻地区城镇化联系密切，溢出效应明显，地区之间应该制订城镇化协同发展策略。王伟进、陆杰华和蒋伟等（2009，2012）利用探索性空间分析，发现我国各地级城市之间的城市化水平及主要社会经济因素存在着明显的空间依赖关系。潘文卿（2012）以市场潜能作为衡量空间溢出效应的手段，研究发现，空间溢出效应对我国地区经济发展起到不可忽视的作用。刘华军等（2014）采用面板数据及空间回归模型偏微分法，对我国各省域城镇化在区域内以及区域间经济增长的直接效应、间接效应和总效应进行空间溢出效应分解。刘文峰（2015）利用空间计量方法研究了我国31个省区市城市化效率的空间效应，结果表明，各省区市城市化效率存在区域的不平衡性和明显的空间集聚及溢出效应，城市化效率在空间上存在相互学习和模仿行为，其中产业结构、对外开放水平对城市化效率有正向影响。潘文卿（2015）采用1997年和2007年截面数据，以我国区域间投入产出表为基础，从静态和比较静态的视角考察了我国8大区域经济发展的区域内乘数效应、区域间溢出效应及反馈效应，指出政府应当重视地缘经济，消除地方保护，减少地区间商品流通成本，更好地发挥相邻地区间的溢出效应。

（2）本书基于空间视角研究中部地区城镇化对经济效率的影响，研究的基本思路主要包括两个方面。

①中部地区城镇化发展及经济效率水平的空间差异研究。通过构建城镇化指标体系，测度中部地区的城镇化发展指数，并基于DEA - Malmquist方法测度中部地区各地级城市的经济效率，对中部地区城镇化及经济发展的空间分布格局进行系统描述，揭示地区间城镇化及经济效率的空间差异，以期客观全面地反映中

部地区经济社会发展的现状。

②城镇化对经济效率的空间溢出效应分析。通过构建静态与动态空间计量模型，实证分析中部地区城镇化对经济效率的空间溢出效应，全面地反映地区城镇化发展对本地区经济效率的直接溢出、对周边地区的间接溢出以及对整个区域经济效率的总溢出效应。最后，在动态空间计量模型基础上，对中部地区城镇化对经济效率的条件收敛性进行识别，进而揭示城镇化对经济效率的地区收敛的贡献大小。

2.5 本章小结

本章对城镇化、城镇化、经济效率等相关概念及理论进行了系统梳理，对国内外相关研究文献进行了述评。综合现有研究发现，学者们从不同时间和空间维度论证了城镇化对经济增长作用的存在性。不同学者通过构建有差异的城镇化指标体系测度了不同地区不同时期的城镇化发展水平，并对地区的经济效率进行了测算。但鲜有文献对城镇化对经济效率改善机制的研究，同时，缺乏从空间视角考虑城镇化对经济效率改善的空间溢出效应的研究。而采用城市层面数据，以空间视角对中部地区经济效率的收敛性进行识别则更为少见。

第3章

中部地区城镇化与经济发展现状分析

3.1 中部地区城镇化发展现状分析

全面系统地梳理城镇化发展的历程有助于我们理解"中国经济奇迹",也是我们理解经济结构性矛盾的现实切入点。城市作为人才、技术、创新的摇篮,是一国或地区经济增长的引擎(Lucas,2001),城镇化不仅是经济社会发展进步的客观规律,也是现代经济增长的必要条件(库兹涅茨,1988),对地区经济发展产生深刻影响。

中部地区地级城市空间分布如图3-1所示。

3.1.1 中部地区城镇化发展历程

新中国成立之初,在严峻的国际经济政治环境下,我国选择了重工业优先发展战略,城市被定位为生产中心,其消费和服务功能在一定程度上"失灵"。20世纪中期以后,国家为缓解重工业发展战略下城市就业压力以及维持社会稳定,颁布以户籍制度为代表的一系列政策规定,使中国经济社会逐步走向典型的城乡二元结构,城乡之间生产要素无法自由流动,资源严重向城市倾斜和转移。

第 3 章 中部地区城镇化与经济发展现状分析

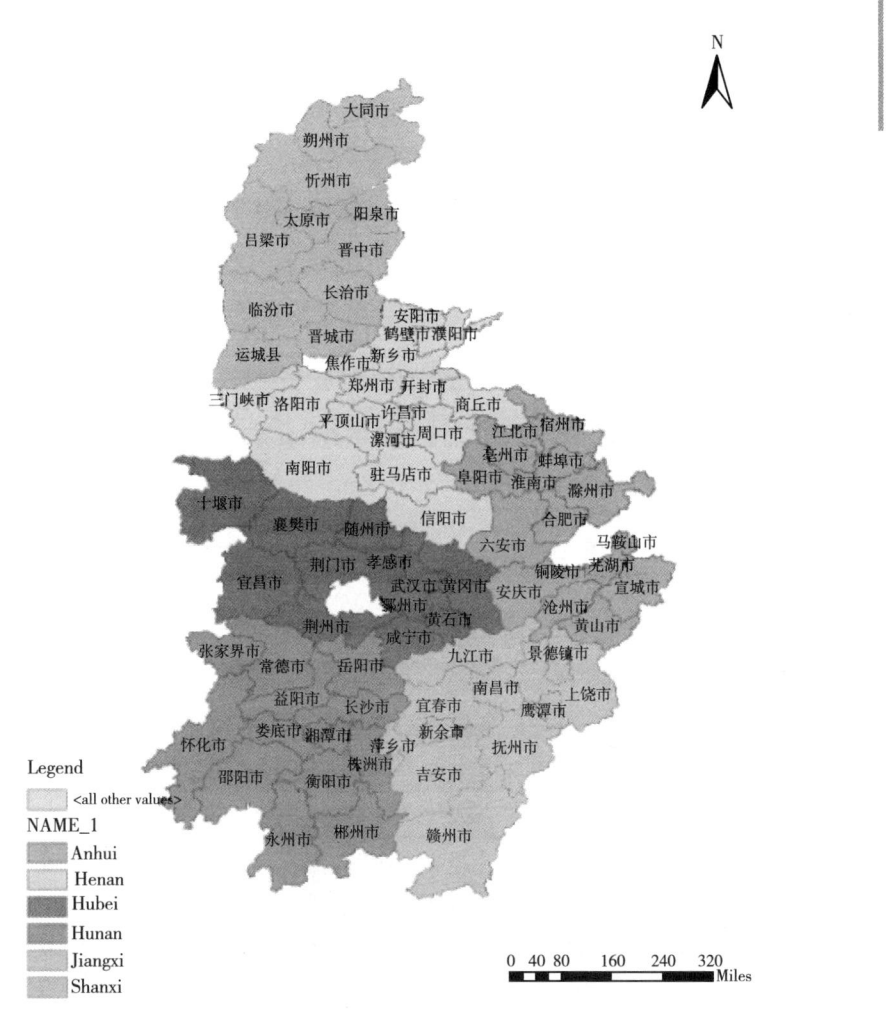

图 3-1 中部地区地级城市空间分布

中部地区地处我国中部，贯通南北，承东启西，区位优势优越。2015 年中部地区经济实力迈上新台阶，实现区域生产总值 14.7 万亿元，近 10 年 GDP 年均增速达到 11.6%，较全国平均水平高出 2.1 个百分点，如图 3-2 所示，尤其是国家实施中部崛起战略以来，中部各省除山西省个别年份以外，其余省份各年份实际 GDP 增速显著高于全国平均水平。然而，中部地区城镇化发展长期滞后于全国平均水平。截至 2015 年年底，城镇化率达到 51.1%，仍低于全国平均水平近 5 个百分点（见表 3-1）。

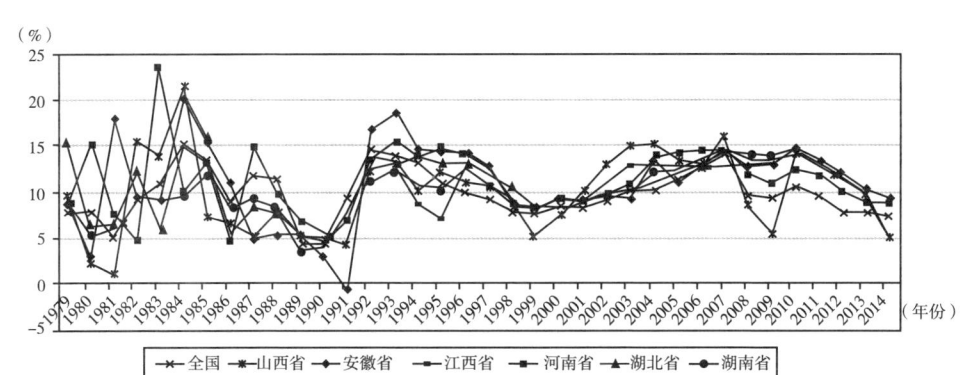

图 3-2 1979—2014 年全国及中部六省实际 GDP 增速趋势

资料来源：《中国统计年鉴》、各省统计年鉴，数据以 1978 年为基期进行平减。

表 3-1　　　　全国及中部各省 1949—2015 年历年人口城镇化率　　　　单位：%

年份	全国		中部各省城镇化率					
	城镇化率	城镇化年增长率	山西	湖南	湖北	河南	江西	安徽
1949	10.64		8.01	7.90	8.79	6.35	9.50	
1950	11.18	5.08	8.23	7.99	9.46	6.84	10.20	
1951	11.78	5.37	8.60	8.01	9.76	7.32	10.30	
1952	12.50	6.11	9.38	7.92	9.87	7.82	10.38	
1953	13.26	6.08	10.54	7.78	9.16	8.32	10.27	8.69
1954	13.69	3.24	11.38	8.08	10.84	8.55	10.58	8.70
1955	13.48	-1.53	12.12	9.44	11.82	8.79	11.53	8.81
1956	14.62	8.46	15.26	9.38	12.90	9.04	11.57	8.94
1957	15.39	5.27	15.87	8.73	13.44	9.28	12.65	8.96
1958	16.25	5.59	18.21	9.61	14.47	9.53	13.08	12.46
1959	18.41	13.29	19.06	13.39	16.23	9.76	14.58	13.72
1960	19.75	7.28	19.84	11.34	17.14	10.00	23.99	16.10
1961	19.29	-2.33	18.67	13.62	15.27	10.24	21.82	15.50
1962	17.33	-10.16	16.50	10.68	14.04	10.49	20.35	13.90
1963	16.84	-2.83	15.50	10.10	14.04	10.72	23.30	13.10
1964	18.37	9.09	16.08	11.35	13.92	10.96	16.91	11.57

续表

年份	全国		中部各省城镇化率					
	城镇化率	城镇化年增长率	山西	湖南	湖北	河南	江西	安徽
1965	17.98	-2.12	16.42	10.40	13.84	11.16	16.86	11.59
1966	17.86	-0.67	16.19	10.27	13.92	11.34	16.96	11.56
1967	17.74	-0.67	16.10	10.42	13.71	11.55	16.70	11.58
1968	17.62	-0.68	16.08	10.54	13.39	11.74	15.37	11.59
1969	17.50	-0.68	15.76	10.66	12.89	11.93	15.67	11.62
1970	17.38	-0.69	16.19	10.76	12.79	12.11	15.91	11.47
1971	17.26	-0.69	17.82	10.24	13.83	12.30	19.47	11.49
1972	17.13	-0.75	18.39	10.42	13.72	12.48	16.58	11.53
1973	17.20	0.41	18.53	10.53	13.49	12.67	16.79	11.61
1974	17.16	-0.23	18.68	10.66	13.82	12.86	16.61	11.75
1975	17.34	1.05	18.74	10.65	14.21	13.07	16.55	11.93
1976	17.44	0.58	18.90	10.77	14.80	13.25	16.65	12.18
1977	17.55	0.63	18.91	10.98	15.03	13.44	16.69	12.40
1978	17.92	2.11	19.18	11.50	15.09	13.63	16.80	12.62
1979	18.96	5.80	19.81	12.25	16.14	13.82	17.40	12.97
1980	19.39	2.27	20.30	12.71	16.79	14.01	18.80	13.33
1981	20.16	3.97	20.61	12.96	17.21	14.20	19.10	13.78
1982	21.13	4.81	21.47	14.21	17.68	14.42	19.50	14.26
1983	21.62	2.32	22.32	14.42	17.96	14.56	19.60	14.72
1984	23.01	6.43	23.21	15.42	17.84	14.70	19.70	15.33
1985	23.71	3.04	24.15	16.29	22.50	14.84	19.80	15.95
1986	24.52	3.42	25.16	16.91	23.52	14.98	19.90	16.56
1987	25.32	3.26	26.17	17.35	25.17	15.12	20.00	17.17
1988	25.81	1.94	27.18	17.65	26.81	15.26	20.10	17.48
1989	26.21	1.55	28.27	17.45	28.36	15.40	20.20	17.80
1990	26.41	0.76	28.90	17.55	28.52	15.52	20.40	17.94
1991	26.94	2.01	29.06	18.61	26.00	15.85	21.10	17.96

续表

年份	全国		中部各省城镇化率					
	城镇化率	城镇化年增长率	山西	湖南	湖北	河南	江西	安徽
1992	27.46	1.93	29.27	19.62	29.35	16.18	21.80	18.20
1993	27.99	1.93	29.54	19.31	30.63	16.51	22.60	18.48
1994	28.51	1.86	29.82	21.52	28.05	16.84	23.30	18.78
1995	29.04	1.86	30.11	24.26	31.20	17.19	23.90	19.09
1996	30.48	4.96	30.41	25.00	33.74	18.39	24.60	21.71
1997	31.91	4.69	30.71	25.20	31.24	19.59	25.30	22.02
1998	33.35	4.51	31.03	25.90	31.90	20.79	26.10	22.33
1999	34.78	4.29	31.35	26.39	33.52	21.99	26.80	26.00
2000	36.22	4.14	35.88	29.75	40.47	23.20	27.70	28.00
2001	37.66	3.98	35.09	30.80	38.64	24.43	30.40	29.30
2002	39.09	3.80	38.09	32.00	39.22	25.80	32.20	30.70
2003	40.53	3.68	38.81	33.50	39.78	27.21	34.00	32.00
2004	41.76	3.03	39.63	35.50	40.35	28.91	35.60	33.50
2005	42.99	2.95	42.11	37.00	43.20	30.65	37.00	35.50
2006	44.34	3.14	43.01	38.71	43.80	32.47	38.68	37.10
2007	45.89	3.50	44.03	40.45	44.30	34.34	39.80	38.70
2008	46.99	2.40	45.11	42.15	45.20	36.03	41.36	40.50
2009	48.34	2.87	45.99	43.20	46.00	37.70	43.18	42.10
2010	49.95	3.33	48.05	43.30	49.70	38.50	44.06	43.01
2011	51.27	2.64	49.68	45.10	51.83	40.57	45.70	44.80
2012	52.57	2.54	51.26	46.65	53.50	42.43	47.51	46.50
2013	53.73	2.21	52.56	47.96	54.51	43.80	48.87	47.86
2014	54.77	1.94	53.79	49.28	55.67	45.20	50.22	49.20
2015	56.10	2.43	50.03	50.89	56.60	46.60	51.60	50.50

资料来源：《中国城市统计年鉴》《中国区域经济统计年鉴》、各省历年统计年鉴及统计公报。

由图 3-3 可知，整体来看各省城镇化水平处于上升趋势，仅在 1960 年前后出现了整体的下降趋势，其他年份均为整体平稳上升，但各省城镇化水平均不同程度地低于全国平均水平。

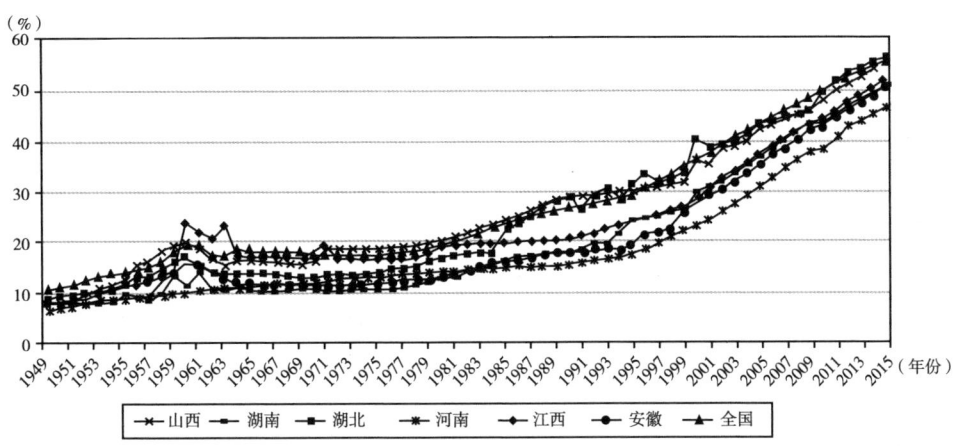

图 3-3　1949—2015 年历年全国及中部六省人口城镇化率趋势图

资料来源：历年《中国统计年鉴》、各省统计年鉴数据整理得到。

(1) 中部地区城镇化水平稳步提升。

从历年的人口城镇化率数据来看，中部地区城镇化水平稳步提升，尤其是改革开放以后，增长势头明显加快。由表 3-1 可知，改革开放以来中部六省的常住人口城镇化率均有不同程度的提高，其中，湖北省和山西省整体水平略高于其他省份，河南省城镇化水平相对落后于其他五省。1978 年各省的人口城镇化率分别为：山西省 19.81%、湖南省 12.25%、湖北省 16.14%、河南省 13.82%、江西省 17.4%、安徽省 12.97%。截至 2015 年年底，各省的人口城镇化率分别为：山西省 53.79%、湖南省 49.28%、湖北省 55.67%、河南省 45.2%、江西省 50.22%、安徽省 49.2%，分别比 1978 年增长了 172%、302%、245%、227%、189%、279%。

(2) 城市基础设施建设快速增长。

中部地区城市基础设施建设快速增长，现代化基础设施网络更加完善，2015年年底，中部地区高速铁路营运里程达到 6000 余公里，营业铁路、高速铁路、等级公路和高速公路密度均居四大板块第 2 位。城市基础设施建设是健全城市功能、提升经济发展质量的重要内容。交通基础设施建设是其中的重要内容之一。李克强总理曾指出，推动沿海向内地梯度发展，要依托重要陆路交通干线，培育新的经济支撑带,推进中西部地区铁路、公路等交通基础设施建设,为产业转移创造有利条件①。交通是城市形成和发展的关键因素,对城市扩张起到积极作用(Ratzel,1939;Timofeev,2009),交通基础设施有利于城市集聚效应和规模效应的发挥以及城市经济功能的完善。交通距离对经济活动的空间集聚产生重要影响(Weber,1929;Christaller,1933;Losch,1954),可以降低运输成本,促进要素流动,加强人才、信息交流,从而缩短地区间的空间距离。伴随着区域市场化程度的不断提高,区域之间经济活动的联系日益密切,作为各种经济要素流通载体的交通基础设施,有助于改善地区之间的通达程度,对城镇化发展的推动作用从理论上看是明显的。当前,中部地区交通基础设施建设快速推进,但规模相对较小,未来一段时期中部各地仍将加大基础设施投资,一方面需要加快内部交通网络建设,尤其是公路交通密度,扩大区域物流规模(赵泉午,2012),促进区域内生产要素流动;另一方面要加大力度构建中部与东西部地区交通链接,为更好地发挥中部地区承东启西、贯南连北的区位优势,承接东部地区产业转移,培育区域经济增长极,加快产业的空间集聚,提供便捷高效的交通网络支撑。

(3)公共服务设施水平稳步提高。

建立完善的公共服务体系和制度是城镇化发展的重要内容。政府公共支出对城镇化发展及区域长期经济增长都具有显著的正向促进作用。城市公共服务能力的提高要求我们积极推进地区基本公共服务均等化,缓解长期以来看病难、看病贵、上学难、住房难等民生问题。提高社会保障能力能够有效地减少居民预防性储蓄,提高居民的消费能力,扩大内需为经济健康持续增长提高动力。自国家的中部崛起战略实施以来,中央及地方加大了基本公共服务的财政投入力度,公共服务水平和质量都有一定提高,2010年中部地区教育、文化、就业、医疗卫生、住房保障等公共支出为11251.07亿元,占GDP总量的13.07%。基本医疗保障实现了全覆盖。农村面貌日新月异,农村安全饮水、无电地区居民用电问题基本完成,所有具备条件的建制村通达沥青水泥路。

---

① 引自李克强总理在博鳌亚洲论坛2014年年会开幕式中的重要讲话。

从图3-4和图3-5人口城镇化水平的空间分布可知，中部城镇化水平较高的地区呈现以下几个空间分布特征：

①城镇化水平最高的城市多为省会城市，如太原、南昌、长沙、郑州、武汉、合肥，分别达到84.25%、70.86%、72.34%、68.3%、74.07%、69.1%，其中，除合肥市低于其省内的铜陵市以外，其他五个城市城镇化水平均为所在省份最高。

②多为资源丰富、自然条件优越的地区，如河南的豫北地区的焦作、鹤壁、洛阳等地级市城镇化水平显著高于黄淮地区的商丘、信阳、周口、驻马店。

③大多集中在交通条件优越的地区，如长江沿线地区。

④以区域内核心城市为中心密集分布的趋势明显，如郑州和以郑州为核心的中原城市群城镇化水平高于全国同期平均水平。

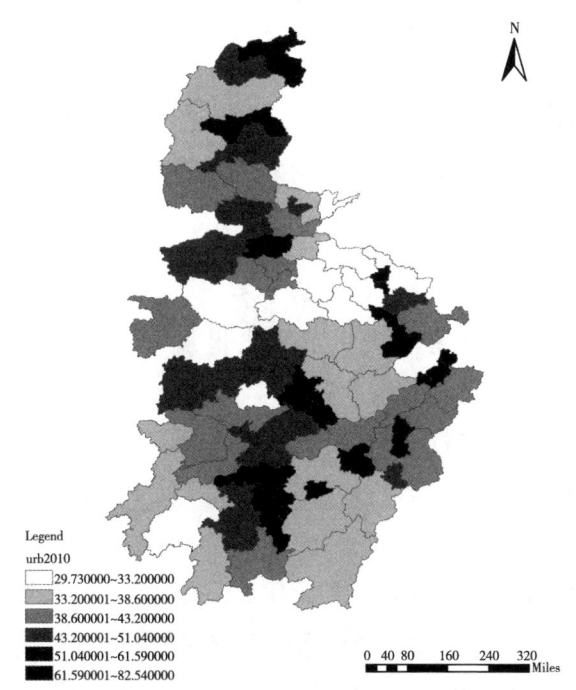

图3-4　2010年中部地区各地级城市人口城镇化率空间分布

资料来源：《中国城市统计年鉴》、各省统计年鉴数据采用统计软件绘制得到。

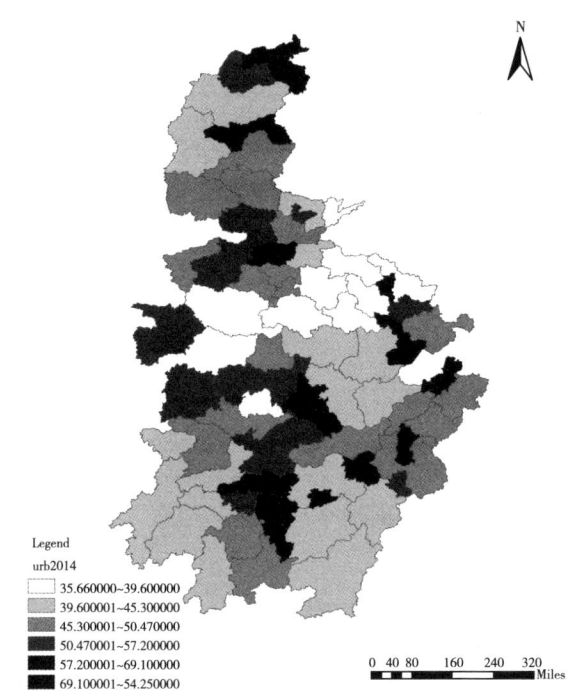

图 3-5　2014 年中部地区各地级城市人口城镇化率空间分布

资料来源：《中国城市统计年鉴》、各省统计年鉴数据采用统计软件绘制得到。

3.1.2　中部地区城镇化发展的现实困境

（1）经济基础薄弱，城镇化发展水平总体偏低，区域内差异明显。

改革开放以来，中部地区经济社会快速发展，尤其伴随着中部崛起战略的深入实施，中部地区城镇化水平显著提高，但中部地区经济社会底子薄、基础差，农业人口众多、"三农"问题突出，从总体看，城镇化水平长期以来低于全国平均水平，2011 年，中部地区人口城镇化率为 46.3%，分别低于东部地区、东北部地区 18.9 个和 11.7 个百分点，落后全国平均水平 5 个百分点（见图 3-6）。截至 2015 年年底，中部地区城镇化率达到 45.9%，在 2010 年基础上年均增长 1.55 个百分点，长期以来我国都是以常住人口占比作为城镇化率的统计口径，其统计学意义大于实际意义，仅体现城镇化在规模和速度上的内容，不能真正反映城镇化的质量和内涵。

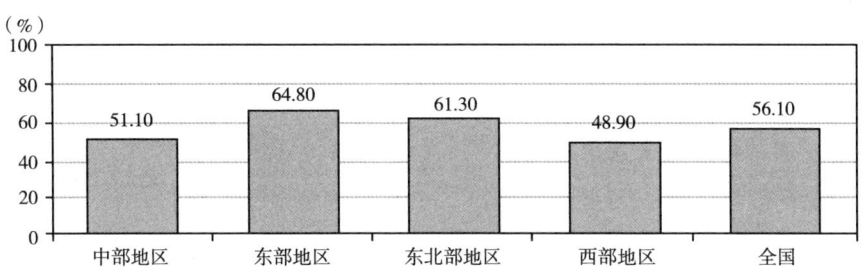

图3-6　2015年我国四大板块城镇化水平情况

资料来源：《中国区域统计年鉴》《中国统计年鉴》数据，采用统计软件绘制得到。

从各省整体水平来看，湖北省城镇化水平处于中部最高，并高于全国平均水平，江西省紧随其后，截至2015年年底分别达到56.6%和51.6%，中部六省中只有河南省人口城镇化率尚低于50%，其余五省均已突破50%的水平（见图3-7）。

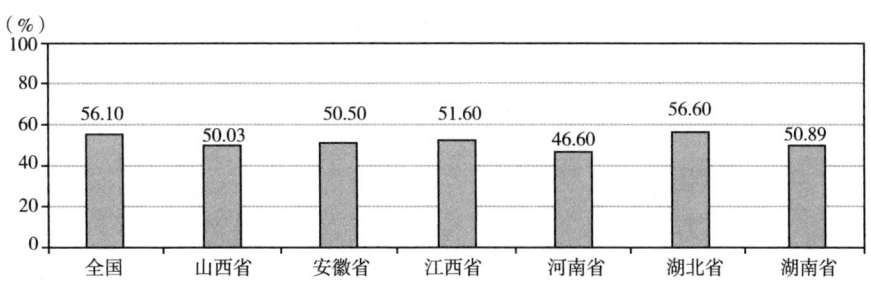

图3-7　2015年全国及中部六省人口城镇化率

资料来源：《中国统计年鉴》、各省统计年鉴数据，采用统计软件绘制得到。

中部地区城镇化水平长期低于全国平均水平，六省之间城镇化差距长期保持稳定，城镇化水平最低的河南省比最高的湖北省高出近10%，中部六省中湖北省的人口城镇化水平处于领先地位，河南省城镇化水平则长期处于中部地区落后位置，远低于全国平均水平。对比图3-4和图3-5可知，城镇化水平较低的地区主要集中在湖北北部、河南南部以及安徽北部，2014年地级市城镇化水平相较于2010年，除省会城市以外的大型城市城镇化水平明显提升，整体上呈现出均衡化趋势,但区域内差异仍明显。

(2) 城市规模整体偏小,城市体系不完善。

国内学者多采用城市人口规模表示城市规模,本书以城市人口及城市土地规模来描述城市规模。自改革开放以来,中部不同等级的城市都取得了较大发展,但发展的速度也表现出一定的"极化"现象,具体表现为省会城市集聚了相对充足的要素资源,发展最为迅速,小城市发展则相对缓慢。从表3-2看,截至2010年年底,除安徽省巢湖市于2011年7月并入合肥市,改设为县级单位,本书将其剔除,另外,考虑到与后面实证分析的对应,还将湖北仙桃市、神农架林区、恩施土家族苗族自治州以及湖南湘西土家族苗族自治州剔除以后共80个地级市中,市辖区人口在250万以上的3个,200万~250万的城市5个,150万~200万的城市8个,100万~150万的城市16个,50万~100万的城市36个。而城市辖区建成区面积在2500平方公里以上的城市共11个,500平方公里以下的城市共18个。地级城市从图3-8中部地级城市建成区面积的核密度图能看到,中部城市规模的"中坚力量"不足,没有形成稳定的"金字塔"结构。从城市规模来看,省会城市的经济规模较大,而大部分中小型地级市的经济总量偏低。

表3-2　　　　　　　　中部地区城市人口规模、土地规模

人口规模(单位:百万)				土地规模(单位:平方公里)					
行政区域人口总数	城市个数	市辖区人口	城市个数	行政区域土地面积	城市个数	市辖区面积	城市个数	市辖区建成区面积	城市个数
400万以上	44	250万以上	3	2.5万以上	5	2500以上	11	400以上	1
300万~400万	12	200万~250万	5	2万~2.5万	7	2000~2500	8	300~400	2
200万~300万	11	150万~200万	8	1.5万~2万	15	1500~2000	10	200~300	3
100万~200万	12	100万~150万	16	1万~1.5万	14	1000~1500	13	100~200	6
50万~100万	1	50万~100万	35	0.5万~1万	23	500~1000	20	50~100	48
50万以下	0	50万以下	13	0.5万以下	16	500以下	18	50以下	20

资料来源:各省2015年统计年鉴,《中国城市统计年鉴》数据整理所得。

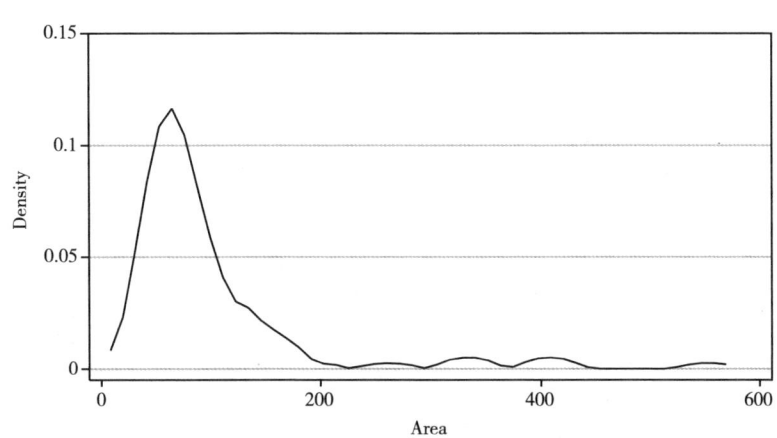

图 3-8　2014 年中部地区各地级市建成区面积的核密度图

资料来源：《中国城市统计年鉴》、各省统计年鉴数据，采用计量软件绘制得到。

（3）人口城镇化滞后于土地城镇化。

2014 年我国城镇常住人口 74916 万，城镇化率达到 54.77%，城镇化进入关键发展阶段。2013 年东部地区达到 66.87%，中部地区为 50.89%，西部地区仅为 45.43%，东部地区人口城镇化率明显快于西部。城镇化不是土地城镇化更不是房地产化，根本在于人居环境、产业结构、公共服务、社会保障等内容由乡到城的转变。长期以来，在粗放的城镇化发展模式下，土地无序扩张，地方政府土地财政，过分注重城市建成区规模的扩张，而忽视城市人口规模的集聚，导致人口城镇化滞后于土地城镇化（见图 3-9）。此外，由于户籍制度的壁垒导致农业转移劳动力，如农民工群体，作为城市发展的重要力量，其本人、家属及子女却长期被城市排斥在外，无法获得市民身份，这也是中国人口城镇化发展滞后的重要原因。2000—2014 年，中部地区城市建成区面积从 3588 平方公里扩张到 8163 平方公里，扩张了 228%，仅 2014 年就扩张了 319 平方公里，与此同时，城市人口只增加了 18.77%，土地城镇化扩张速度已远远超过了人口城镇化速度，2000—2014 年，中部城市建成区面积年均增长率超过 6%，速度远超过人口城镇化的增速。过去各个地方政府以盖楼、修路等基础设施建设为城镇化的主导方向，而对人的城镇化关注度不够，对城镇化过程中人的幸福感的关怀更是不足。如道路面积、公共图书、执业医师人数等公共资源仍较为短缺，增长幅度较为缓慢(见图3-10)。

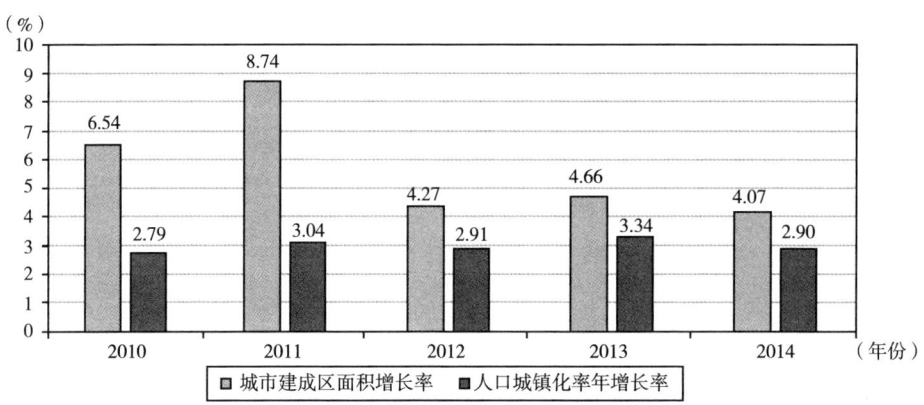

图3-9 中部地区土地城镇化与人口城镇化增速比较

资料来源:《中国统计年鉴》《中国区域统计年鉴》数据,采用统计软件绘制得到。

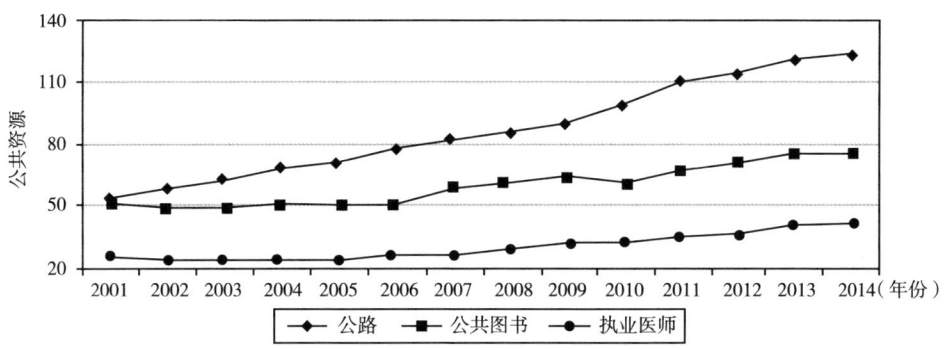

图3-10 2001—2014年中部地区公共资源趋势

资料来源:《中国统计年鉴》《中国区域统计年鉴》数据,采用统计软件绘制得到。

(4)城市群发展不足,中心城市辐射带动作用不强。

城市群是城镇化发展的高级阶段,城市群发展主要包含中心城市、城市体系结构和产业结构等问题。中心城市问题涉及城市的产业结构是否合理、城市经济规模、城市竞争能力弱、城市开放程度等方面。城市体系结构问题主要指城市群城市数量、结构是否合理,城市产业同构及协作等。根据2016年《国民经济和社会发展第十三个五年规划纲要(草案)》,提出加快城市群建设发展,增强中心城市辐射带动作用。中部地区包括武汉城市群、中原城市群、长株潭城市群、皖江城市带四个城市群,"入围"了国务院《关于促进中部地区崛起的若干意见》(中发〔2006〕10号),这些"次区域"进入了国家宏观发展战略的视野。这标志着中部崛起战略从理论层面走向实践层面,也预示着中部崛起战略开启了"后发优势"时代。打造中部城市群有望成为经济新增长极,是国家均衡发展战略实施的重要内容。然而,从目前中部城市群发展的现状来看,需要破解的难题甚多,这其中有来自东西部夹击的困境,也有来自中部地区内部各自博弈的壁垒。如内陆地区城市群人均GDP和地均GDP最高的中原城市群,2015年的人均GDP还不到长三角、珠三角的1/3,地均GDP也仅分别为长三角的30%、珠三角的27%。因此,中部城市群发展可谓是任重而道远。

2010年,国家发展改革委正式公布《促进中部地区崛起规划》,提出培育以武汉、合肥、南昌、郑州、太原、长沙为核心的六大城市群增长极,2016年年末,郑州被国务院列为国家级中心城市。从国内外城市群的发展经验来看,城市群的发展是以其中心城市的发达为前提条件的,区域的振兴发展离不开龙头城市的辐射带动。目前,中部尽管初步形成了中原城市群、武汉城市群、长株潭城市群、皖江城市带等经济发展高地,但缺乏如沿海地区的北京、上海、广州等中心城市和经济增长极,中部地区城市群中心城市实力整体薄弱。根据2015年城市经济排名,中部六省中有两个省没有一个城市经济实力进入全国前50强,前5位城市没有一个位于中部。中部地区城市群发展缓慢与其中心城市实力偏弱、功能不强,对周边地区辐射带动能力不足有密切关系。

从中部城市群中心城市经济首位度看,武汉的经济首位度为6.42,其经济总量是次中心城市黄石的7倍,城市规模等级结构不合理,等级断层明显,城市群整体功能受阻。太原为4.46,太原与第二位城市差距太大,不利于城市间的分工合作。长沙2.40,南昌为2.35,合肥为1.99,郑州为1.49,是中部城市群中心城市经济首位度最低的,其中心城市的地位不突出,引导作用不明显。积极培育城市群次中心,以大城市作为节点,完善城市群结构体系,有利于城市体系形成"中心—外围"对经济的辐射带动作用。同时,为了提高城市密度,更好地发挥城市群的集聚功能,应当大力培育小城市和小城镇,注重中心城市与其他城市的大小比例协调发展。

(5) 产业结构不合理、产业支撑力不足。

城市的发展离不开产业的支撑，产业的结构决定着城市的竞争力，实施产业提升战略有利于提高城市群的综合实力。当前中部地区三次产业结构比重为12.3∶54.1∶33.6，总体呈现出"二三一"的结构，从国家发展战略来看，中部地区是制造业发展的重点所在，但目前整体规模有限，水平也不高，制造业内部的结构优化问题突出。与此同时，生产性服务业发展也相对滞后，产品研发、物流、保险、金融、中介等服务功能较弱。中部地区产业结构整体水平偏低是制约其长远发展的突出问题，中部地区是全国粮棉油等农产品主产区，农业生产条件较好，一直以来形成了以农业、能源、原材料加工为主的产业结构，产品附加值低，经济增长方式粗放，资源利用效率低，环境污染严重。2011年的数据是：中部万元GDP能耗比全国平均水平高出23%，万元工业产值能耗差不多高出40%。如图3-11所示，具有较强市场竞争能力的大型规模企业、知名品牌较少。

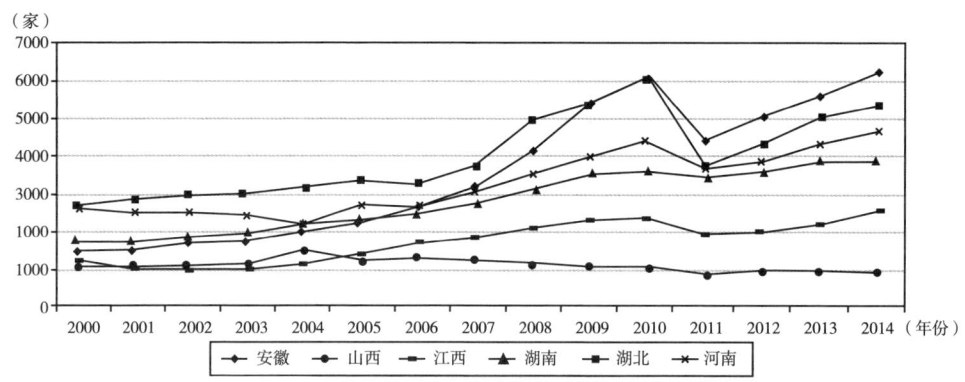

图 3-11 中部六省 2000—2014 年规模以上企业个数趋势

资料来源：《中国区域统计年鉴》《中国统计年鉴》数据，采用统计软件绘制得到。

(6) 产业集聚度不高，创新能力较弱。

中部地区在全国区域发展格局中具有重要地位，但长期以来，经济社会发展相对滞后，与其资源、区位、基础等优势形成较大反差，面临着所谓的"中部塌陷"之挑战。本书借鉴徐玮等（2016）的研究（见表3-3和表3-4），采用区位熵、产业集中度等方法对中部地区农业、工业、建筑业、住宿餐饮业、批发零售业、金融、房地产等行业的产业集聚水平进行测度。由表3-3可知，河南、湖北、湖南三省在中部地区经济中排名较靠前，2014年，三省的总增加值分别增长到2179.36亿元、10782.82亿元、37551.76亿元，占中部地区比重分别为68.54%、68.13%和63.3%。

表3-3 中部地区产业集中度

行业	2005年排名前三位省份			比重（%）	2014年排名前三位省份			比重（%）
农林牧渔业	河南	湖南	湖北	67.56	河南	湖南	湖北	68.13
工业	河南	湖北	湖南	63.88	河南	湖北	湖南	63.3
建筑业	河南	湖北	湖南	55.93	河南	湖北	湖南	59.79
批发和零售业	河南	湖南	湖北	64.89	河南	湖南	湖北	64.79
交通运输、仓储和邮政业	河南	湖南	湖北	57.75	河南	湖南	湖北	64.23
住宿和餐饮业	河南	湖南	湖北	69.19	河南	湖南	湖北	68.54
金融业	河南	湖北	湖南	58.7	河南	湖北	湖南	58.81
房地产业	河南	湖南	湖北	58.93	河南	湖南	湖北	62.95

资料来源：引用徐玮等（2016）。

表3-4 中部各省产业集聚指数

省份	农林牧渔业	工业	建筑业	批发和零售业	交通运输、仓储和邮政业	住宿和餐饮业	金融业	房地产业
安徽省	0.953	1.5523	0.9455	0.8861	0.8558	1.3334	1.1675	0.8243
河南省	0.8147	1.0845	0.8178	0.8649	1.0029	1.2352	1.1724	1.1068
湖北省	1.1222	1.4006	1.1309	0.8941	1.1914	1.4721	1.3349	1.0667
湖南省	1.1075	1.5014	0.9761	0.878	1.2116	1.3031	0.961	0.7476
江西省	0.8754	1.4607	0.7439	0.8955	0.8694	1.7591	1.3264	0.7294
山西省	1.1727	0.8682	0.8367	0.8592	0.7583	1.028	1.0368	1.1709

资料来源：引用徐玮等（2016）。

2016年全国区域创新能力综合排名前十的地区中，中部地区只有安徽省上榜，这也是安徽省连续三年进入全国创新能力排名前十。如图3-12所示，历年中部六省各省以及全国平均年专利授权数，趋势图表明除安徽近几年发展迅猛以外，其他省份历年的专利授权数均低于全国平均水平。技术被视为影响现代经济增长的重要生产要素之一,当前,我国处于城镇化转型发展的关键时期,由"要素驱动""投资驱动"转向"创新驱动"是经济社会转型发展的战略选择(辜胜阻,2012)。中部地区创新能力低下,是制约其经济结构转型发展的重要因素。

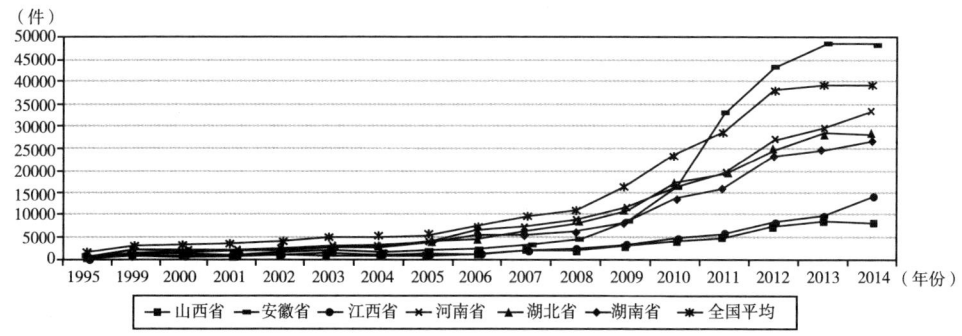

图 3-12　1995—2014 年全国及中部地区六省年专利授权数

资料来源:《中国区域统计年鉴》《中国统计年鉴》数据,采用统计软件绘制得到。

(7) 生态环境承载力较弱。

2014 年 12 月,环境保护部发布《中部地区发展战略环境评价报告》,报告指出粮食生产安全、流域生态安全和人居环境安全是中部地区发展的基础保障,对中部地区可持续发展具有重要的现实意义和深远的历史意义。中部地区作为全国粮食的主产区,"粮食安全"的重要性毋庸置疑。而"生态安全"和"人居环境安全"都涉及生态环境的保护和治理的问题,可见,当前生态环境保护对中部地区长期可持续发展的重要性。

中部地区位于长江、黄河、淮河等大江大河的中上游地区,拥有鄱阳湖、洞庭湖等众多湖泊,是南水北调的重要水源地。加大中部地区生态环境保护力度,逐步恢复生态系统功能,对于保障流域生态安全、人居环境安全具有重要意义。依托中部地区优越的区位及便利的交通条件,良好的生态环境也有助于促进地区旅游业发展。随着经济的快速发展,黄淮海平原、鄱阳湖平原、江汉平原和洞庭湖平原普遍面临农田面积萎缩、农田质量降低、农业用水保障难度增大等问题,而水的问题是中部地区发展面临的最严重问题之一。以鄱阳湖为例,鄱阳湖是中国第一大淡水湖,位于江西省九江市星子县的星子站是鄱阳湖的标志性水文站。

2015年1月,星子县受上游来水减少和久旱少雨的影响,鄱阳湖逼近8米的极枯水线。过去,洪水是大家共同担心的问题,而现在取而代之的是湖区萎缩、水质变差等"生态安全"的新问题。中部地区人口密集,但城镇化发展长期滞后于全国平均水平。长期以来,中部地区在推进城镇化发展过程中,重速度和规模、轻质量和效益,重规模扩张、轻效率提升,重城镇建设、轻城镇管理。推动城镇化"摊大饼"式的蔓延发展,造成了大量资源的浪费,废弃物的大量排放,使很多城市尤其是大城市的城市生态和人居环境不断恶化,城市"宜居"程度逐渐下降,如图3-13所示,2005—2014年中部各省工业废水排放总量有增有减,总体排放量并没有表现出下降趋势。

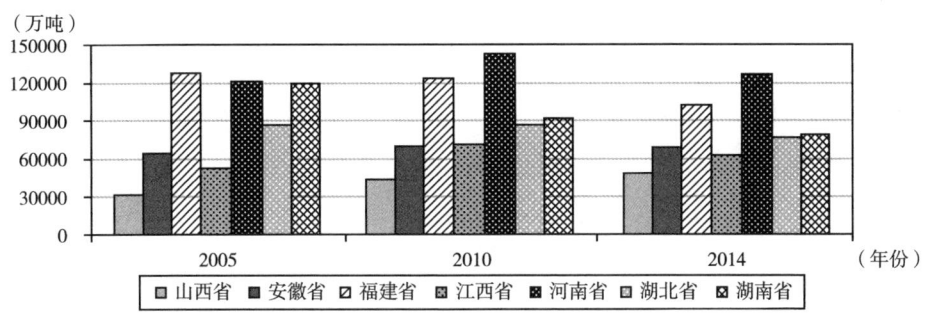

图3-13 2005年、2010年、2014年各省工业废水排放总量

资料来源:《中国区域统计年鉴》《中国统计年鉴》数据,采用统计软件绘制得到。

3.2 中部地区经济发展现状分析

中部地区六省包括山西、安徽、江西、河南、湖北、湖南六省,面积102.8万平方公里,占全国陆地总面积的10.7%;2015年年底人口3.65亿人,占全国总人口的26.5%。地域位置得天独厚,具有承东启西、贯南连北的区位优势,交通网络发达,生产要素密集,但改革开放以来,中部地区经济社会发展相对滞后,被一些学者称之为所谓的"中部塌陷"。早在2006年,党中央、国务院颁布实施《关于促进中部地区崛起的若干意见》(中发〔2006〕10号),便明确了中部地区全国重要粮食生产基地、能源原材料基地、现代装备制造及高技术产业基地和综合交通运输枢纽的定位,简称"三基地、一枢纽",即全国重要粮食生产基地、能源原材料基地、现代装备制造及高技术产业基地和综合交通运输枢纽。《意见》在继承原有定位基础上,研究提出了"一中心、四区"的战略定位。即全国先进制造业中心,新型城镇化重点区、现代农业发展核心区、生态文明建设示范区、全方位开放重要支撑区。经过近10年的发展,截至2015年年底,中部地区生产总值为146950.46亿元,占全国国内生产总值比重为21.44%。第一、第二、第三产业增加值分别为15863.85亿元、68784.42亿元、62302.19亿元,三次产业增加值之间的比例为1∶4.34∶3.93。规模以上工业企业数86160个,实现利润额为13249.38亿元。财政收入14799.4亿元,财政支出31735.11亿元。居民消费水平为年91019.06元,固定资产完成额143117.58亿元,中部地区经济社会发展取得了巨大成就。

3.2.1 经济综合实力迈上新台阶

2015年中部地区生产总值146950.46亿元,10年年均增长11.6%,比全国平均水平高2.1个百分点。经济总量占全国的比重由2001年的18.67%提高到2015年的21.44%(见图3-14)。经济总量居四大板块第2位。10年间,中部地区固定资产投资、社会消费品零售总额、地方财政收入分别增长7.7倍、3.7倍和7倍。中部地区人均生产总值较其他区域偏低,尽管近年来中部地区保持了较高的经济增长水平,但人均水平较低,2015年中部地区名义人均GDP为40028.27元,是全国平均水平的76.98%。近年来,中部地区经济增长速度明显快于东部、西部、东北地区。2015年,全国名义国内生产总值为685505.8亿元,2000—2015年年均增速为13.58%,2010—2015年年均增速为12%,而2011—2015年已出现连续五年增速下滑,2015年则降至6.45%。如图3-15和图3-16所示,中部地区自2010年开始国内生产总值也出现了连续下滑,而人均国内生产总值增速除2015年外总体表现相对平稳。

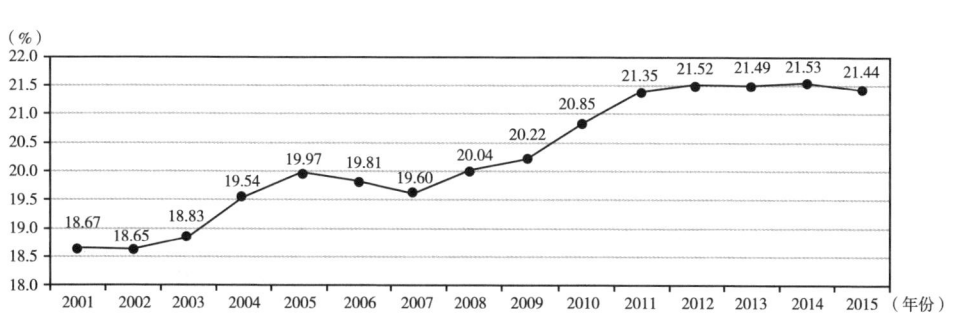

图 3-14 中部地区生产总值占全国比重

资料来源：《中国统计年鉴》数据，采用统计软件绘制得到。

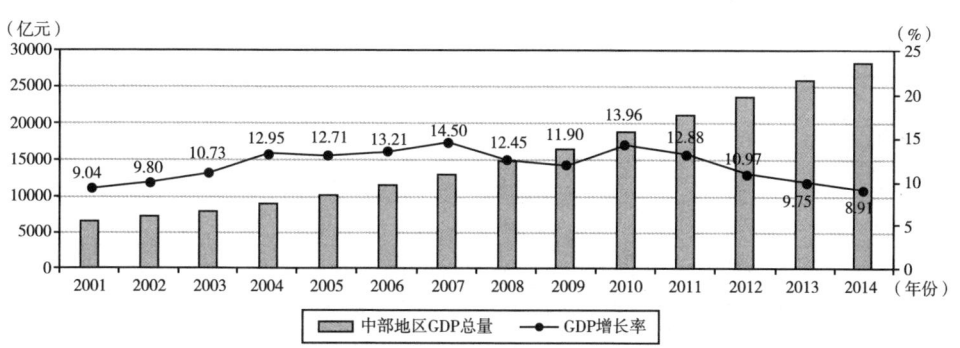

图 3-15 2001—2014 年中部地区生产总值及增速

资料来源：《中国区域统计年鉴》《中国统计年鉴》数据，采用统计软件绘制得到。

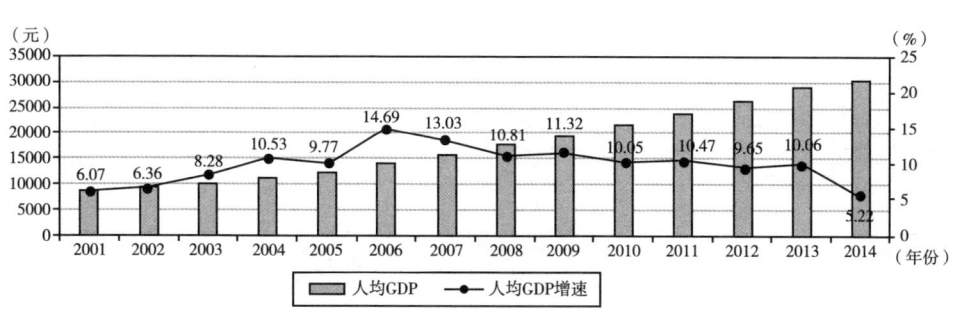

图 3-16 2001—2014 年中部地区人均生产总值及增速

资料来源：《中国区域统计年鉴》《中国统计年鉴》数据，采用统计软件绘制得到。

3.2.2 人民生活水平大幅提高

2006—2015 年,中部地区城乡居民均可支配收入年均分别增长 11.8%、13.2%,达到 26810 元、11422 元,与全国平均水平的相对差距有所缩小。财政对民生投入的占比继续增加。2015 年年底,中部地区按现有标准的农村贫困人口为 2160 万人,比 2010 年年底减少了 2430 万人。以 2000 年为基期对人均 GDP 进行平减后得到,人均实际 GDP 由 2001 年的 8787.77 元,增加到 2014 年的 30318.54 元,增幅达到 345%(见表 3-5)。

表 3-5　　中部地区 2001—2014 年(人均)生产总值及增速

年份	GDP 总量(亿元)	GDP 增速(%)	人均 GDP(元)	人均 GDP 增速(%)
2001	6547.54	9.04	8787.77	6.07
2002	7189.26	9.80	9346.96	6.36
2003	7960.88	10.73	10121.21	8.28
2004	8991.77	12.95	11187.26	10.53
2005	10134.20	12.71	12280.04	9.77
2006	11473.30	13.21	14084.37	14.69
2007	13137.43	14.50	15919.68	13.03
2008	14777.90	12.49	17641.27	10.81
2009	16537.13	11.90	19638.31	11.32
2010	18845.18	13.96	21612.91	10.05
2011	21272.64	12.88	23876.63	10.47
2012	23605.21	10.97	26180.88	9.65
2013	25906.97	9.75	28813.37	10.06
2014	28216.26	8.91	30318.54	5.22

资料来源:《中国统计年鉴》,采用 2000 年为基期的 GDP 平减指数进行平滑处理。

3.2.3 全方位开放格局基本形成

10 年来,中部地区开放型经济加快发展,打造形成了一批双向开放的平台。

2015年外贸进出口总额2539亿美元，是2005年的6.1倍，年均增长19.9%，占全国的比重由2005年的2.9%提高到6.4%，从四大板块垫底位置上升到第3位。中欧班列在郑州、武汉发车，形成了中欧班列品牌。"走出去"迈出可喜步伐，一些农业资源加工优势企业到中亚设立加工基地，进一步促进了"一带一路"建设。

3.2.4 "三基地、一枢纽"地位日益牢固

"三基地、一枢纽"指中部地区成为全国重要粮食生产基地、能源原材料基地、现代装备制造及高技术产业基地和综合交通运输枢纽[①]。2016年，中部地区粮食产量为18328万吨，占全国粮食总产量的比重稳定在30%左右。农村基础设施较大改善，特别是高标准农田建设取得积极进展。山西等大型煤炭基地基本建成，风电、光伏等新能源快速发展，持续稳定保障全国能源供应。新一代信息技术、新能源汽车、先进轨道交通、航空航天、新材料、现代生物医药、现代种业等重点新兴产业发展壮大，在全国具有较强竞争力。现代化基础设施网络更加完善，2015年年底高速铁路营运里程达到6000余公里，营业铁路、高速铁路、等级公路和高速公路密度均居四大板块第2位。

为了直观地反映中部地区人均GDP的空间分布，图3-17和图3-18分别给出了2001年和2014年中部地区人均GDP空间分布图。图中颜色较深的部分表示所代表城市的人均GDP水平高于整个中部地区的平均水平，主要分布在各省的省会城市及其周边。但对比图3-17和图3-18可知，人均GDP较高的地区在空间上呈现出显著的"向南"集聚趋势，即主要集中于湖南、湖北、江西三个省份，且以武汉城市圈、长株潭城市群、中原城市群、皖江城市带为主要空间分布态势，这表明中部地区城市群辐射效应初步显现。白色区域代表人均GDP水平处于相对落后的地区，多集中在安徽西部、河南南部以及山西西部地区，这些地区经济发展相对滞后。

---

① 参见《关于促进中部地区崛起的若干意见》（中发〔2006〕10号）。

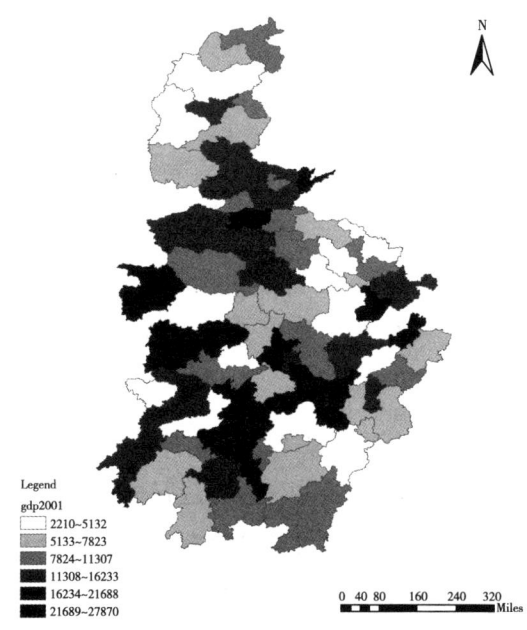

图 3-17 2001 年人均 GDP 空间分布

资料来源：《中国区域统计年鉴》《中国统计年鉴》数据，采用统计软件绘制得到。

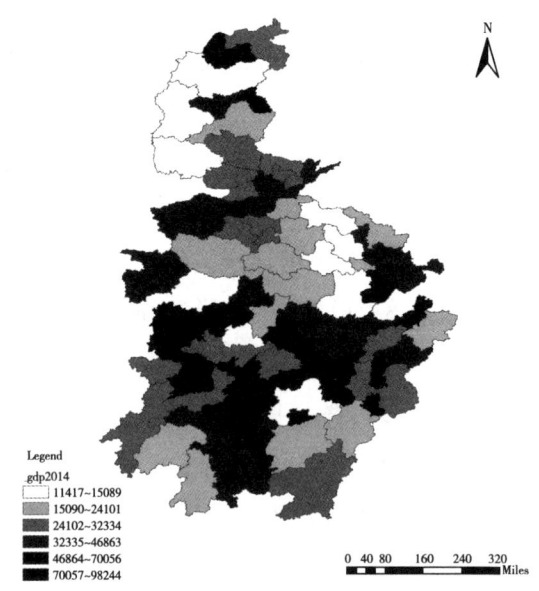

图 3-18 2014 年人均 GDP 空间分布

资料来源：《中国区域统计年鉴》《中国统计年鉴》数据，采用统计软件绘制得到。

3.3 本章小结

传统城镇化模式下重数量轻质量、重规模轻结构发展道路的弊端已经逐步显现。政府主导的被动、粗放的城镇化发展模式造成效率低下、土地资源过度消耗、环境污染、生态破坏等一系列问题,对经济增长的可持续形成制约。现阶段,由于潜在增长率下降,国内外需求疲弱,加之部分行业产能过剩以及资源、能源、环境约束趋紧,我国经济发展进入由规模速度型增长模式向质量效率型转变阶段。这也成为我们更多关注城镇化发展和经济效率改善的原因。

当前,中部地区进入城镇化加速发展的关键时期,应从实际出发,立足于走新型城镇化道路,构建城市群,完善城镇体系,加强基础设施建设,强化城市产业支撑,创新体制机制,推进城乡一体化发展,坚持以人为本的城镇化发展理念。

第4章

中部地区城镇化与经济效率测度

4.1 中部地区城镇化水平测度

党的十六大作出了"逐步提高城镇化水平,坚持大中小城市和小城镇协调发展"走中国特色城镇化发展道路的战略决策,党的十七届五中全会对积极稳妥推进城镇化作出了具体部署。党的十八大以后则将由"量"到"质"转变作为城镇化工作重点。早期的乌托邦、太阳城、"理想国"等思想被认为是早期城镇理想发展模式的萌芽。1898年,英国社会活动家埃比尼泽·霍华德(Ebenezer Howard)在其发表的《明日——条通向真正改革的和平之路》一书中提出了影响广泛且深远的田园城市理念。该书1902年再版时更名为《明日的田园城市》,书中提出一种巨大的社会改革思想,希望用城乡一体的新社会结构形态来取代城乡分离的旧社会结构形态。20世纪中期以后,伴随着生产力水平的提高,经济社会结构发生较大转变,城市经济的规模和比重空前扩张,各国政府对城市的治理力度不断加强,尤其是20世纪末,"可持续发展""绿色发展""生态文明"等理念相继被提出,并引起全球范围内的广泛关注,这被认为是人类对自身发展历史和现实发展困境的反思(邵琳,2013)。

国内学者对城镇化质量的关注虽然稍晚于国外,但是却明确地提出了城镇化质量的概念。学者们从城镇经济发展、城镇居民生活质量、城乡统筹和可持续发展、生态环境保护等不同维度阐释城镇化质量发展的内涵。就中国城镇化发展的过程而言，推动城镇化的动力主要来自政府，而政府管理城市的水平较为滞后、体制机制不健全、建设资金不足等原因，极大地影响了城镇化的健康发展（李楠、罗松华，2014）。就结果而言，虽然中国 30 年的城镇化建设走完了相当于英国 200 年、美国 100 年、日本 50 年所走过的路程，但是质量较低，农民融入城镇受到各种约束（魏建，2013）。城镇化不是简单的农业人口转移（劳动力城镇化）或房地产化（土地城镇化），而应当是人的城镇化。

本书将试图构建一个包含人口城镇化、产业城镇化、生态环境城镇化、公共服务城镇化、城乡一体化等内容的指标体系，对中部地区城镇化发展水平进行评价，并为后面分析城镇化对经济效率的作用做出前期准备。

4.1.1 评价指标体系构建

用单一指标无法准确全面反映一国或地区的城镇化发展的水平与质量，科学合理构建城镇化评价指标体系是我们进行城镇化问题研究的基础和核心内容，指标体系要客观反映经济高效、社会和谐、环境优美、资源节约、城乡统筹等内涵，注重产业结构、就业方式、人居环境、社会保障等多维度由乡到城转变。在以往城镇化发展模式中，政府这一单一主体发挥着主导作用，政府的政策取向和行政行为在城镇化进程中起决定性作用，当前城镇化发展强调发挥市场、政府、群众的合力作用，健全以市场为主导，政府合理引导，群众积极参与的多主体城镇化发展协作机制转变。城镇化应当注重城乡的统筹发展，而不是城乡分割下单独发展城市，强调为新型工业化、现代服务业和现代农业为动力，而不是传统工业化推动下被动城镇化发展模式，重视土地的集约使用，而不是土地面积的无序扩张，注重体制改革和制度创新下市场发挥主导作用，而不是依靠政府力量被动推动的城镇化道路。

本书在深入理解城镇化丰富内涵并系统梳理相关文献的基础上，基于构建指标体系科学、系统、可行的原则，结合中部地区特殊的经济社会及自然区位等情况，构建包括 5 个一级指标和 19 个二级指标的评价指标体系（见表 4-1），以客观全面反映中部地区城镇化发展的水平及特性。

表 4-1　　　　　　　　　　中部地区城镇化评价指标体系

一级指标	二级指标	指标属性	样本期权重均值 w_j
人口城镇化 (e_1)	常住人口城镇化率（x1）（%）	正向	0.055
	第三产业就业人员占比（x2）（%）	正向	0.059
	城镇登记失业率（x3）（%）	负向	0.054
	城市人口密度（x4）（人/平方公里）	中性	0.053
产业城镇化 (e_2)	人均地方财政收入（x5）（元）	正向	0.054
	第三产业增加值占比（x6）（%）	正向	0.057
	人均存款余额（x7）（元）	正向	0.054
生态环境可持续化 (e_3)	人均建成区绿化覆盖面积（x8）（公顷）	正向	0.056
	人均公园绿地面积（x9）（平方米）	正向	0.044
	工业固体废物综合利用率（x10）（%）	正向	0.027
公共服务城镇化 (e_4)	每万人普通小学在校生专任教师数（x11）（人/万人）	正向	0.059
	每万人卫生技术人员数（x12）（人/万人）	正向	0.047
	城镇单位在岗职工平均工资（x13）（元）	正向	0.056
	每万人拥有公交数量（x14）（辆/万人）	正向	0.056
	每百人公共图书馆藏书（x15）（册/百人）	正向	0.050
	人均地方财政教育支出（x16）（元）	正向	0.056
	人均地方财政科技支出（x17）（元）	正向	0.061
城乡一体化 (e_5)	城乡人均收入差异系数（x18）	负向	0.050
	城乡消费支出差异系数（x19）	负向	0.053

资料来源：2000—2015年《中国统计年鉴》《中国城市统计年鉴》、各省统计年鉴数据后采用统计软件整理计算后得到。

(1) 指标体系构建。

城镇化是一个涉及多学科、多维度的概念，用单个指标无法全面反映其内涵，需要建立一个完善的指标体系来测度。具体我们做如下考虑：一是指标体系要能够准确反映城镇化的科学内涵，对地区城镇化发展发展水平进行全面客观的评价；二是准确把握当前城镇化发展的现状、规律和趋势，在对城镇化发展进行客观评价的基础上，起到一定的预警和调控功能；此外，由于本书以城市这一相对较小单元为观测对象，个别数据的可得性不高。因此，遵循科学性、前瞻性和可操作性等原则，我们将构建包括："人口城镇化""产业城镇化""公共服务城镇化""生态环境可持续化""城乡一体化"等层面内容的中部地区城镇化评价指标体系。

具体来说，"人口城镇化"主要用来反映城镇人口的总体发展态势，选取的指标包括：常住人口城镇化率、城镇人口登记失业率，非农产业就业人员占比，城镇人口密度。"产业城镇化"为城镇化发展提供了物质基础，选取的指标包括：人均国内生产总值、人均地方财政收入、二三产业增加值占比、规模以上企业个数。"生态环境城镇化"用来反映城市经济发展过程中城市环境的变化，选取的指标包括：建成区绿化覆盖面积、人均公园绿地面积、建成区绿化覆盖率。"公共服务城镇化"主要用来反映城镇居民生活、学习条件的改善及便利程度的提高，选取的指标主要包括：每万名学生专任教师数、学生预算内教育经费、每万人卫生机构数、每万人卫生技术人员数、城镇单位在岗职工平均工资、每万人拥有公交数量、人均道路面积、每百人公共图书馆藏书。"城乡一体化"选取的指标主要包括：城乡居民人均收入差异系数和城乡消费支出差异系数[①]。

（2）数据来源与处理。

表4-2中数据来源于中部各省2001—2015各年统计年鉴、历年《中国统计年鉴》《中国区域经济统计年鉴》《中国城市统计年鉴》《中国人口和就业统计年鉴》、中国经济与社会发展统计数据库的统计资料。为消除价格因素对结果造成的影响，本书以2001年为基期对相关指标数据进行平减处理。本书包括中部六省，各省的地级城市包括：安徽省包括16个地级城市：合肥市、芜湖市、蚌埠市、淮北市、淮南市、铜陵市、马鞍山市、安庆市、滁州市、黄山市、阜阳市、六安市、宿州市、亳州市、宣城市、池州市；山西省包括11个地级城市：太原市、阳泉市、大同市、长治市、朔州市、晋城市、晋中市、忻州市、运城市、吕梁市、临汾市；江西省包括11个地级城市：南昌市、景德镇市、萍乡市、新余市、九江市、鹰潭市、吉安市、赣州市、宜春市、上饶市、抚州市；湖南省包括13个地级城市：长沙市、湘潭市、株洲市、衡阳市、岳阳市、邵阳市、常德市、益阳市、张家界市、郴州市、怀化市、永州市、娄底市；湖北省包括12个地级城市：武汉市、黄石市、宜昌市、十堰市、襄阳市、荆门市、鄂州市、黄冈市、随州市、咸宁市；河南省包括17个地级城市：郑州市、开封市、安阳市、平顶山市、鹤壁市、焦作市、新乡市、濮阳市、漯河市、许昌市、三门峡市、商丘市、南阳市、周口市、信阳市、驻马店市。安徽省巢湖市于2011年7月并入合

[①] 城乡居民人均收入差异系数用1减农村与城市居民人均收入比重表示。城乡消费支出差异系数用1减农村与城市消费支出比重表示。

肥市,改设为县级单位,本书将其剔除。考虑到数据的可得性,本书不包括湖北仙桃市、神农架林区、恩施土家族苗族自治州以及湖南湘西土家族苗族自治州。

表4-2　　　　　　　　　　一级指标历年权重

	e_1	e_2	e_3	e_4	e_5
2001年	0.220	0.163	0.157	0.360	0.101
2002年	0.216	0.160	0.156	0.364	0.104
2003年	0.211	0.155	0.155	0.368	0.110
2004年	0.212	0.156	0.157	0.366	0.108
2005年	0.224	0.165	0.172	0.387	0.053
2006年	0.212	0.156	0.162	0.363	0.107
2007年	0.228	0.166	0.102	0.393	0.111
2008年	0.242	0.175	0.107	0.422	0.055
2009年	0.230	0.166	0.100	0.395	0.110
2010年	0.215	0.161	0.103	0.398	0.123
2011年	0.217	0.169	0.103	0.395	0.116
2012年	0.226	0.174	0.100	0.386	0.114
2013年	0.224	0.168	0.103	0.397	0.109
2014年	0.216	0.172	0.100	0.399	0.113

资料来源:2000—2015年各省统计年鉴、《中国城市统计年鉴》,采用改进的熵值法计算得到。

4.1.2　评价方法及步骤

为了减少人为主观因素对结果造成的影响,本书将采用改进的熵值法确定城镇化评价指标权重。在信息论中,熵是对系统不确定性影响因素无序程度的度量。熵值法能够更多地提取不确定因素中的信息,首先需要将数据进行标准化处理,以消除数量级、量纲、正负方向等因素对结果的影响,再通过计算各不确定性因素在整个系统中的贡献大小,进而确定该因素最系统的影响程度,一般而言,指标值变异程度越大,信息熵越小,指标提供的信息量越大,指标的权重越大,反之,指标变异程度越小,信息熵越大,指标提供的信息量越小,指标的权重越小(郭显光,1998),具体步骤是:

(1)指标的标准化。

设原始数据矩阵 $X = (x_{ij})_{m \times n}$,m个评价对象,n个评价指标,矩阵中数据

x_{ij}表示年份 i 指标 j 的实际值,对矩阵进行标准化处理。如果是正向指标,采用式(4-1)进行标准化处理;如果是反向指标,采用式(4-2)进行标准化处理。正向指标指该指标值越大对结果而言越是利好,负向指标值越低,对结果越是利好,例如,城镇登记失业率为负向指标,表示城镇失业水平越高地区城镇化指数越低,反之,城镇化指数则越高。

$$X_{ij} = \frac{x_{ij} - \min(x_{ij})}{\max(x_{ij}) - \min(x_{ij})} \times 100\% \quad (4-1)$$

$$X_{ij} = \frac{\max(x_{ij}) - x_{ij}}{\max(x_{ij}) - \min(x_{ij})} \times 100\% \quad (4-2)$$

(2)计算指标的熵值 E_j,p_{ij}表示第 j 项指标下第 i 个地区占该指标的比例,j = 1, 2, …, m。

$$E_j = -\frac{\sum_{i=1}^{m} p_{ij} \ln p_{ij}}{\ln n} \quad (4-3)$$

$$P_{ij} = \frac{y_{ij}}{\sum_{i=1}^{n} y_{ij}} \quad (4-4)$$

(3)计算指标的权重(W_j)。

$$w_j = \frac{1 - e_j}{\sum_{j=1}^{m}(1 - e_j) y_{ij}} \quad (4-5)$$

(4)测算城镇化综合指数。

$$u_i = \sum_{j=1}^{m} y_{ij} w_j \quad (4-6)$$

其中,w_{ij}为熵值法计算的指标权重,y_{ij}为各指标标准化数值。

4.1.3 城镇化水平测度与分析

对城镇化水平进行测度的目的,在于对城镇在国民经济和社会发展中的主导作用进行识别并对不同区域或不同时期城镇化发展情况进行分析和比较(见表4-3和表4-4)。

表4-3　各地级市城镇化综合指数（2001—2014年）

年份	2001	2002	2003	2004	2005	2006	2007	2008	2009	2010	2011	2012	2013	2014
合肥市	0.1798	0.2128	0.2356	0.2496	0.2865	0.2949	0.3354	0.4046	0.4295	0.9621	0.4894	0.5648	0.5780	0.6322
芜湖市	0.1337	0.1608	0.1805	0.1946	0.2242	0.2003	0.2279	0.2812	0.3123	0.4778	0.3401	0.3963	0.3941	0.4477
蚌埠市	0.1244	0.1497	0.1626	0.1653	0.1864	0.1856	0.2057	0.2385	0.2650	0.2831	0.2837	0.3323	0.3377	0.3652
淮南市	0.0999	0.1254	0.1364	0.1619	0.2009	0.2237	0.2474	0.2991	0.3067	0.3549	0.3162	0.3679	0.3773	0.3909
马鞍山市	0.1463	0.1849	0.2106	0.2417	0.2868	0.2926	0.3446	0.3927	0.4054	0.4974	0.4379	0.4349	0.5096	0.5103
淮北市	0.1040	0.1304	0.1374	0.1451	0.1680	0.1694	0.2091	0.2491	0.2784	0.3106	0.3141	0.3690	0.3725	0.3748
铜陵市	0.1173	0.1382	0.1516	0.1686	0.2006	0.2186	0.2410	0.2846	0.3150	0.4858	0.3521	0.4270	0.4486	0.4963
安庆市	0.1064	0.1329	0.1423	0.1502	0.1537	0.1629	0.1938	0.2365	0.2460	0.2648	0.2835	0.3449	0.3511	0.4008
黄山市	0.0957	0.1242	0.1305	0.1431	0.1696	0.1802	0.2082	0.2394	0.2482	0.3183	0.2985	0.3606	0.3854	0.4320
滁州市	0.0795	0.0931	0.1107	0.1192	0.1408	0.1467	0.1730	0.2152	0.2302	0.2740	0.2735	0.3422	0.3622	0.4052
阜阳市	0.0717	0.0900	0.0922	0.1003	0.1108	0.1138	0.1353	0.1611	0.1686	0.1749	0.1973	0.2355	0.2576	0.2848
宿州市	0.0623	0.0828	0.0868	0.0995	0.1157	0.1223	0.2066	0.1851	0.1439	0.1544	0.1687	0.1980	0.2406	0.2606
六安市	0.0590	0.0770	0.0792	0.0872	0.0995	0.1032	0.1285	0.1577	0.1700	0.1993	0.1988	0.2324	0.2598	0.2936
亳州市	0.0521	0.0698	0.0736	0.1138	0.0944	0.0933	0.1144	0.1442	0.1550	0.1667	0.1788	0.2289	0.2249	0.2606
池州市	0.0640	0.0815	0.0922	0.1055	0.1209	0.1349	0.1463	0.1888	0.2096	0.2563	0.2436	0.2761	0.2962	0.3358
宣城市	0.0640	0.0821	0.0875	0.0981	0.1102	0.1251	0.1524	0.1685	0.1867	0.2171	0.2276	0.2817	0.2913	0.3266
太原市	0.2101	0.2377	0.2414	0.2647	0.3087	0.3184	0.3488	0.4124	0.4689	0.6608	0.5161	0.5903	0.6619	0.7117
大同市	0.1382	0.1666	0.1733	0.1822	0.2220	0.2411	0.2151	0.3038	0.3266	0.2796	0.3640	0.4292	0.4561	0.5180
阳泉市	0.1108	0.1303	0.1384	0.1572	0.1921	0.2087	0.2391	0.2496	0.3212	0.3256	0.3516	0.4265	0.4660	0.4680

续表

年份	2001	2002	2003	2004	2005	2006	2007	2008	2009	2010	2011	2012	2013	2014
长治市	0.1384	0.1598	0.1693	0.1861	0.1998	0.2115	0.2380	0.2816	0.3301	0.2857	0.3350	0.4095	0.4524	0.4899
晋城市	0.1796	0.2206	0.2384	0.2527	0.3425	0.3505	0.4339	0.4878	0.5634	0.5605	0.5839	0.6923	0.7606	0.7955
朔州市	0.0810	0.0933	0.1023	0.1163	0.1311	0.1616	0.2246	0.2735	0.2924	0.2027	0.3095	0.3772	0.4133	0.4914
晋中市	0.1049	0.1255	0.1341	0.1364	0.1558	0.1619	0.1828	0.2143	0.2452	0.2232	0.2555	0.3262	0.3898	0.4367
运城市	0.0941	0.1075	0.1158	0.1276	0.1405	0.1425	0.1577	0.1896	0.2094	0.2029	0.2131	0.2373	0.2781	0.3066
忻州市	0.0907	0.0984	0.1081	0.1093	0.1218	0.1343	0.1624	0.1860	0.2038	0.1493	0.2236	0.2588	0.3372	0.3770
临汾市	0.1162	0.1389	0.1493	0.1609	0.1873	0.1975	0.2122	0.2434	0.2734	0.2202	0.2723	0.3318	0.3690	0.4093
吕梁市	0.1043	0.1159	0.1109	0.1291	0.1570	0.1682	0.1859	0.2472	0.2635	0.2326	0.2895	0.3600	0.4190	0.4606
南昌市	0.1831	0.2145	0.2253	0.2391	0.2298	0.2510	0.2441	0.3232	0.3657	0.7190	0.3998	0.4513	0.4819	0.5086
景德镇市	0.1136	0.1433	0.1479	0.1627	0.1742	0.1719	0.1749	0.2051	0.2366	0.2482	0.2705	0.3268	0.3489	0.3830
萍乡市	0.0859	0.0976	0.1076	0.1192	0.1384	0.1322	0.1470	0.1701	0.1873	0.2045	0.2251	0.2667	0.2962	0.3261
九江市	0.1264	0.1473	0.1563	0.1552	0.1703	0.1702	0.1846	0.2139	0.2653	0.3256	0.3012	0.3622	0.4050	0.4287
新余市	0.0956	0.1142	0.1207	0.1290	0.1439	0.1536	0.1778	0.2045	0.2196	0.2748	0.2532	0.3003	0.3039	0.3313
鹰潭市	0.1276	0.1465	0.1576	0.1603	0.1796	0.1803	0.2063	0.2312	0.2518	0.2432	0.2682	0.3242	0.3557	0.4001
赣州市	0.1072	0.1401	0.1495	0.1504	0.1660	0.1661	0.1982	0.2134	0.2439	0.3116	0.2765	0.3414	0.4013	0.3460
吉安市	0.0936	0.1141	0.1143	0.1133	0.1282	0.1163	0.1357	0.1695	0.1858	0.2093	0.2164	0.2600	0.2893	0.3355
宜春市	0.0646	0.0801	0.0805	0.0870	0.0966	0.0919	0.1045	0.1285	0.1422	0.1414	0.1659	0.2035	0.2366	0.2658
抚州市	0.0710	0.0848	0.0958	0.0907	0.1003	0.0977	0.1074	0.1169	0.1508	0.1396	0.1706	0.2078	0.2389	0.2755
上饶市	0.0932	0.1179	0.1280	0.1328	0.1493	0.1495	0.1585	0.2135	0.2260	0.2753	0.2464	0.3019	0.3392	0.3700

续表

年份	2001	2002	2003	2004	2005	2006	2007	2008	2009	2010	2011	2012	2013	2014
长沙市	0.2430	0.2787	0.3129	0.3160	0.3289	0.3648	0.4001	0.4415	0.4895	1.1024	0.5361	0.5980	0.6913	0.7596
株洲市	0.1752	0.1923	0.2034	0.2143	0.2298	0.2410	0.2727	0.3240	0.3234	0.3663	0.3879	0.4778	0.5389	0.4980
湘潭市	0.1577	0.1672	0.1811	0.1779	0.1838	0.1967	0.2125	0.2662	0.2700	0.3179	0.2896	0.3699	0.4261	0.4652
衡阳市	0.1776	0.1994	0.2159	0.1854	0.2098	0.2093	0.2189	0.2800	0.2972	0.2767	0.3443	0.3946	0.4674	0.4866
邵阳市	0.1070	0.1224	0.1275	0.1270	0.1295	0.1423	0.1579	0.1883	0.2097	0.1938	0.2447	0.2844	0.3104	0.4220
岳阳市	0.1253	0.1200	0.1446	0.1235	0.1533	0.1443	0.2007	0.2893	0.2938	0.2764	0.2712	0.3038	0.3337	0.3930
常德市	0.0994	0.1255	0.1343	0.1381	0.1391	0.1431	0.1686	0.2019	0.2272	0.2228	0.2488	0.2965	0.3377	0.3565
张家界市	0.0698	0.0976	0.1092	0.1098	0.1113	0.1163	0.1452	0.1524	0.1822	0.2136	0.2109	0.2368	0.2642	0.2886
益阳市	0.1569	0.0979	0.1030	0.1084	0.1145	0.1148	0.1361	0.1586	0.1663	0.1665	0.1932	0.2311	0.2610	0.2979
郴州市	0.0994	0.1231	0.1408	0.1662	0.1864	0.1906	0.2082	0.2603	0.2915	0.2621	0.3494	0.3812	0.4128	0.4243
永州市	0.0810	0.0993	0.1047	0.1091	0.1135	0.1228	0.1434	0.1674	0.1846	0.1755	0.2023	0.2412	0.2606	0.2797
怀化市	0.1575	0.1555	0.1719	0.1801	0.1716	0.1994	0.2575	0.2889	0.2851	0.3437	0.3413	0.4069	0.4498	0.5150
娄底市	0.1248	0.1410	0.1645	0.1687	0.1674	0.1773	0.2313	0.2209	0.2106	0.2584	0.2702	0.3195	0.3535	0.3868
武汉市	0.2260	0.2522	0.2575	0.2671	0.2899	0.3422	0.3744	0.4251	0.4458	0.8590	0.5360	0.6093	0.6956	0.7045
黄石市	0.1264	0.1467	0.1511	0.1624	0.1825	0.1909	0.2023	0.2253	0.2185	0.3278	0.2790	0.3070	0.3596	0.3397
十堰市	0.1722	0.2162	0.2353	0.2419	0.2638	0.2547	0.2513	0.2727	0.3016	0.2808	0.3394	0.3950	0.4320	0.3374
宜昌市	0.1253	0.1490	0.1477	0.1548	0.1694	0.1717	0.1956	0.2250	0.2380	0.4543	0.2718	0.3156	0.3563	0.3998
襄阳市	0.1434	0.1158	0.1180	0.1247	0.1390	0.1389	0.1585	0.1906	0.2010	0.2165	0.2167	0.2508	0.2950	0.3497
鄂州市	0.0738	0.0850	0.0881	0.0923	0.1010	0.1017	0.1394	0.1376	0.1258	0.1201	0.1765	0.1925	0.2089	0.2370

续表

年份	2001	2002	2003	2004	2005	2006	2007	2008	2009	2010	2011	2012	2013	2014
荆门市	0.0967	0.1197	0.1197	0.1258	0.1456	0.1486	0.1782	0.2506	0.2562	0.2287	0.2443	0.2888	0.3237	0.3595
孝感市	0.0829	0.0967	0.1009	0.1063	0.1148	0.1170	0.1250	0.1380	0.1549	0.1681	0.1972	0.2391	0.2565	0.2859
荆州市	0.0928	0.1076	0.1132	0.1279	0.1226	0.1379	0.1543	0.1797	0.2002	0.1997	0.2112	0.2723	0.3135	0.3473
黄冈市	0.0843	0.0977	0.1061	0.1275	0.1373	0.1309	0.1585	0.1723	0.1805	0.1819	0.2016	0.2261	0.2647	0.3308
咸宁市	0.0645	0.0854	0.0909	0.0942	0.1066	0.1065	0.1184	0.1361	0.1546	0.1716	0.1656	0.1892	0.2162	0.2603
随州市	0.0571	0.0709	0.0746	0.0642	0.0769	0.0947	0.1127	0.1366	0.2278	0.1892	0.2376	0.3500	0.3622	0.4186
郑州市	0.2404	0.2832	0.3206	0.3297	0.3623	0.3770	0.3932	0.4623	0.5110	0.5779	0.3876	0.4063	0.5122	0.5652
开封市	0.1370	0.1485	0.1568	0.1579	0.1688	0.1694	0.1813	0.2021	0.2312	0.2468	0.2390	0.2558	0.3242	0.3527
洛阳市	0.1754	0.2002	0.2142	0.2330	0.2544	0.2411	0.2644	0.3034	0.3225	0.3486	0.3469	0.3738	0.4056	0.4354
平顶山市	0.1273	0.1494	0.1606	0.1729	0.2033	0.2081	0.2307	0.2825	0.3221	0.3380	0.3247	0.3522	0.3913	0.3753
安阳市	0.1534	0.1775	0.1690	0.1756	0.1946	0.1829	0.2019	0.2245	0.2508	0.2885	0.2572	0.2951	0.2961	0.3276
鹤壁市	0.0867	0.1035	0.1097	0.1175	0.1367	0.1442	0.1525	0.1805	0.1857	0.2230	0.2060	0.2368	0.2459	0.2648
新乡市	0.1602	0.1746	0.1874	0.1806	0.1869	0.1808	0.1846	0.2148	0.2310	0.2442	0.2383	0.2787	0.3133	0.3347
焦作市	0.1252	0.1448	0.1551	0.1651	0.1787	0.1741	0.1945	0.2186	0.2544	0.2740	0.2690	0.2847	0.3041	0.3113
濮阳市	0.1906	0.2289	0.2148	0.2178	0.2354	0.2239	0.2387	0.2828	0.2923	0.2318	0.3093	0.3475	0.3715	0.4177
许昌市	0.1617	0.1994	0.1874	0.1839	0.1925	0.1904	0.2115	0.2549	0.2855	0.3822	0.3007	0.3927	0.4335	0.4626
漯河市	0.1551	0.1739	0.1847	0.1819	0.1280	0.1063	0.1252	0.1404	0.1535	0.1663	0.1662	0.2126	0.2260	0.2582
三门峡市	0.1485	0.1616	0.1682	0.1702	0.1895	0.2032	0.2258	0.3141	0.2905	0.2914	0.3006	0.3548	0.3923	0.4117
南阳市	0.0890	0.1214	0.1285	0.1380	0.1542	0.1465	0.1600	0.1824	0.1985	0.2006	0.2062	0.2508	0.2749	0.3100

续表

年份	2001	2002	2003	2004	2005	2006	2007	2008	2009	2010	2011	2012	2013	2014
商丘市	0.0687	0.0811	0.0894	0.0920	0.1003	0.0997	0.1187	0.1423	0.1494	0.1536	0.1558	0.1866	0.2139	0.2457
信阳市	0.0715	0.0870	0.0934	0.0959	0.1054	0.1114	0.1214	0.1446	0.1626	0.1618	0.1782	0.2096	0.2316	0.2707
周口市	0.1167	0.1369	0.1421	0.1347	0.1499	0.1432	0.1553	0.1928	0.2180	0.2499	0.1947	0.2658	0.3101	0.3193
驻马店市	0.1344	0.1096	0.1185	0.1308	0.1394	0.1388	0.1542	0.1769	0.1824	0.2386	0.1888	0.2355	0.2573	0.2833

表 4-4　2001—2014 年各省城镇化综合指数

年份	2001	2002	2003	2004	2005	2006	2007	2008	2009	2010	2011	2012	2013	2014
安徽省均值	0.0975	0.1210	0.1318	0.1465	0.1668	0.1730	0.2044	0.2404	0.2544	0.3374	0.2877	0.3370	0.3554	0.3886
山西省均值	0.1244	0.1449	0.1528	0.1657	0.1962	0.2087	0.2364	0.2808	0.3180	0.3039	0.3376	0.4035	0.4548	0.4968
江西省均值	0.1056	0.1273	0.1349	0.1400	0.1524	0.1528	0.1672	0.1991	0.2250	0.2811	0.2540	0.3042	0.3361	0.3610
湖南省均值	0.1365	0.1477	0.1626	0.1634	0.1722	0.1818	0.2118	0.2492	0.2639	0.3212	0.2992	0.3494	0.3929	0.4287
湖北省均值	0.1121	0.1286	0.1336	0.1407	0.1541	0.1613	0.1807	0.2075	0.2254	0.2832	0.2564	0.3030	0.3403	0.3642
河南省均值	0.1378	0.1577	0.1647	0.1693	0.1812	0.1789	0.1949	0.2306	0.2495	0.2716	0.2511	0.2905	0.3237	0.3498
中部地区均值	0.1194	0.1384	0.1474	0.1550	0.1709	0.1760	0.1993	0.2347	0.2553	0.3003	0.3193	0.3287	0.3635	0.3943

资料来源：2000—2015 年《中国统计年鉴》《中国城市统计年鉴》、各省统计年鉴数据后采用统计软件整理计算后得到。

第4章 中部地区城镇化与经济效率测度

（1）中部地区城镇化发展水平在样本期间总体呈现上升趋势。

中部地区地级城市城镇化发展从2001年的0.1194上升到2014年的0.3943，年均增长率为9.73%，样本期间维持了较高的增长速度（见图4-1）。

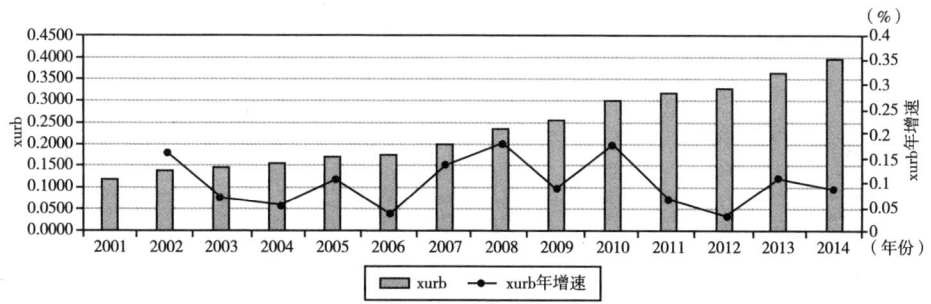

图4-1　2001—2014年中部地区城镇化综合发展指数及年增长速度

资料来源：由本书测算的城镇化综合发展指数数据，采用统计软件绘制得到。

各省城镇化发展也处于稳步推进的过程中，其中，山西省城镇化发展水平处于六省最高，湖南省近年来表现突出，河南省城镇化发展相对落后。整体来看，中部六省的城镇化发展水平差距呈现出明显的扩大态势（见图4-2）。

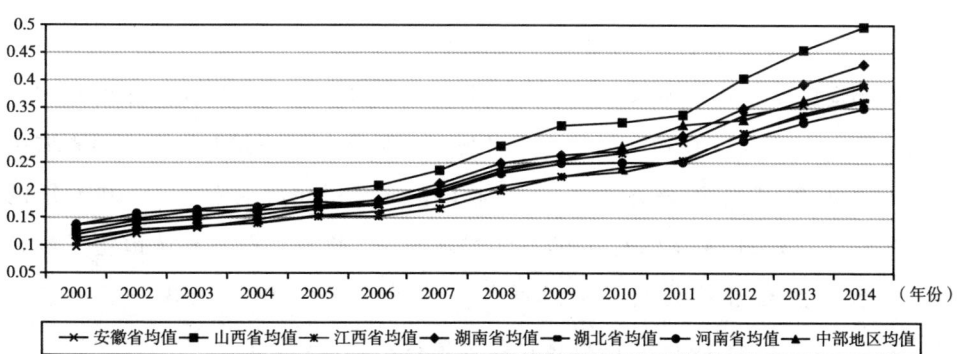

图4-2　2001—2014年中部地区及各省城镇化发展水平趋势

资料来源：由本书测算的城镇化综合发展指数数据，采用统计软件绘制得到。

2001年城镇化发展指数值在0.1以下的城市有33个，0.1~0.3之间的城市个数为47个。到了2014年所有城市的城镇化发展指数均处于0.1以上，达到0.3~0.5水平的城市个数占比超过50%，共53个（见表4-5）。

表 4-5　　　　　　　　2001—2014 年各指数段城市个数

年份	城镇化发展指数各水平的城市个数				
	0.1 以下	0.1~0.3	0.3~0.5	0.5~0.7	0.7 以上
2001	33	47	0	0	0
2002	22	58	0	0	0
2003	13	65	2	0	0
2004	10	68	2	0	0
2005	4	72	4	0	0
2006	5	70	5	0	0
2007	0	73	7	0	0
2008	0	68	12	0	0
2009	0	62	16	2	0
2010	0	56	17	3	4
2011	0	53	23	4	0
2012	0	35	40	5	0
2013	0	26	46	7	1
2014	0	17	53	6	4

资料来源：由本书测算的城镇化综合发展指数数据，采用统计软件整理后得到。

（2）各省城镇化发展表现出差异性。

中部地区城镇化发展水平总体表现出上升态势，平均每年在上年的基础上提高 9.73%，但各省城镇化发展水平及增长速度均存在一定差异。山西省城镇化发展水平 2005 年后整体领先于其他五省，城镇化综合指数从 2001 年的 0.1244，增长到 2014 年的 0.4869，年均增长 11.43%。安徽省城镇化起步条件相对于其他五省较为落后，但增长速度在六省之中为最快，年均增长 11.78%。而河南省 2001 年的城镇化综合指数六省最高，但年均增长速度为中部六省最慢，年均增长为 7.64%。而湖南省和湖北省每年增速分别为 9.46%、9.79%，江西省年增速为 10.3%。2001—2014 年，各省城镇化发展水平的差距有逐渐拉大的趋势。

（3）中部地区城镇化发展的空间分布特征明显。

从城镇化空间分布图发现（见图 4-3 和图 4-4），城镇化水平较高的城市主要是省会城市及其周边城市，表明在各省内部省会城市的区域内中心想影响作用已经显现,对外围城市城镇化发展的带动作用逐步加强。城镇化水平较高的地区主要是资源丰富、交通便利、经济基础相对较好的区域。具体来看有以下几点。

①以长株潭都市圈和中原城市群为代表的省会中心城镇密集区发展迅速。②一些与东部发达地区联系紧密的地区,如安徽的东部和南部区域、江西的东南部,以及山西的大部分地区因其与长三角、珠三角、京津冀地区的密切联系,城镇化发展速度相对较快。③进一步观察城镇化的空间分布发现,中部地区城镇化发展空间格局存在离心的分化趋势(见图4-3和图4-4)。从各省经济联系的主导方向来看,湖南省向南同珠江三角洲对接,安徽向东发展同长江三角洲对接,江西在积极对接长三角、珠三角和闽沿海地区、山西向京津冀靠拢等。由此我们认为,中部地区目前基本形成以省会为中心的城镇密集区格局,但呈现出高值分散的空间特点,且离心化趋势明显。造成这种现象的原因一方面是,外部区域强大的外向型经济的吸引,另一方面说明中部地区自身经济发展不足,各省之间"抱团发展"的格局尚没有形成。

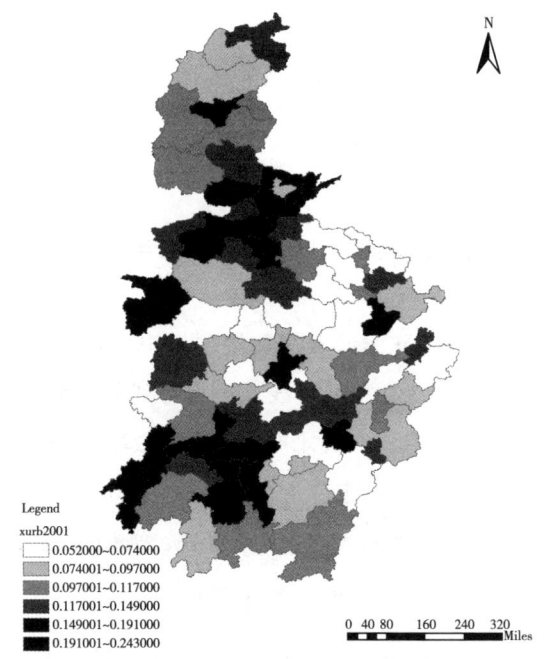

图4-3 2001年中部地区城镇化发展综合指数空间分布

资料来源:由本书测算的城镇化综合发展指数数据,采用统计软件绘制得到。

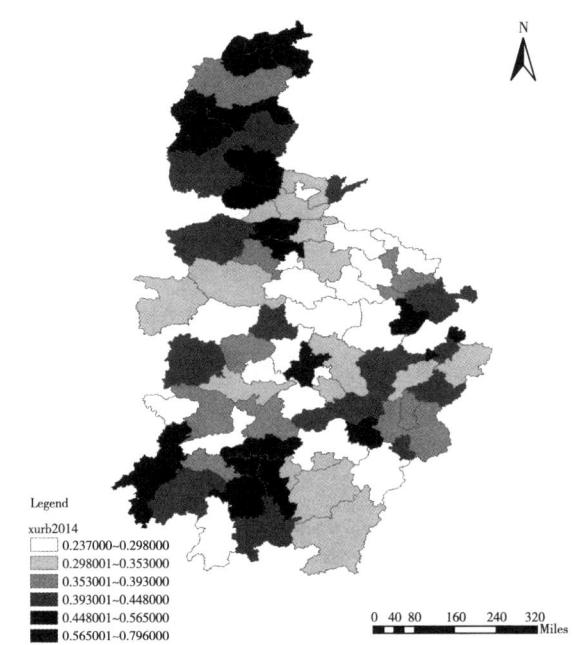

图 4-4 2014 年中部地区城镇化综合发展指数空间分布

资料来源：由本书测算的城镇化综合发展指数数据，采用统计软件绘制得到。

4.2

基于 DEA-Malmquist 指数模型的经济效率测算

本书采用 DEA-Malmquist 非参数指数模型对中部地区地级市全要素生产率进行动态测算与评价，其优点在于通过线性规划得到前沿函数，不需要设定具体的函数形式和假设分布，采用该方法评价地区经济效率是相对科学、合理的。本书构建 DEA-Malmquist 指数，动态分析全要素生产率的变化趋势。用来考察从 t 期到 t+1 期全要素生产率变化的 Malmquist 指数，采用了两个 Malmquist 指数的几何平均值作为被评价 DMU 的 Malmquist 指数，即：

$$M_0(x_t+1, y_t+1, x_t, y_t) = \sqrt{\frac{TE^t(x_t+1, y_t+1)}{TE^t(x_t, y_t)} \times \frac{TE^{t+1}(x_t+1, y_t+1)}{TE^{t+1}(x_t, y_t)}}$$

(4-7)

4.2.1 研究方法

1982 年，Caves，Christensen 和 Diewert 提出 Malmquist 生产率指数法，后经 Fare 等人进一步发展。根据 Shephard（1970）和 Fare（2004）的方法，产出指标变量的距离函数定义为：

$$D_0(x,y) = \inf\{\delta : (x, y/\delta) \in P(x)\} \quad (4-8)$$

其中，x 和 y 分别表示输入变量和输出变量矩阵，δ 表示 Farrell 的面向输出的效率指标，P(x) 为生产可能集合，如果 y 是 P(x) 的组成部分，则函数值将小于或等于 1。如果 y 位于生产可能集合的外部前沿面上，函数值将等于 1，反之，如果 y 位于 P(x) 外部，函数值将大于 1。Caves，Christensen 和 Diewert 定义的一个投入、一个产出，基于产出指标变量的 Malmquist 生产率指数为：

$$M_0^t = \frac{D_0^t(x_{t+1}, y_{t+1})}{D_0^t(x_t, y_t)} \quad (4-9)$$

$$M_0^{t+1} = \frac{D_0^{t+1}(x_{t+1}, y_{t+1})}{D_0^{t+1}(x_t, y_t)} \quad (4-10)$$

其中，$D_0^t(x_{t+1}, y_{t+1})$，和 $D_0^{t+1}(x_{t+1}, y_{t+1})$ 是相同时间段生产点与前沿面技术相比较得到的输出距离函数。Fare 则在 Caves 等人定义 Malmquist 生产率指数的几何平均值来计算定向输出 Malmquist 指数：

$$M_0(x_t, y_t, x_{t+1}, y_{t+1}) = \sqrt{\frac{D_0^{t+1}(x_{t+1}, y_{t+1})}{D_0^{t+1}(x_t, y_t)} \times \frac{D_0^t(x_{t+1}, y_{t+1})}{D_0^t(x_t, y_t)}} \quad (4-11)$$

根据 Fare 等人的研究，方程（4-11）中的 Malmquist 指数全要素生产率进一步可以分解为纯效率变化和规模效率变化：

$$M_0(x_t, y_t, x_{t+1}, y_{t+1}) = \frac{S_0^t(x_{t1}, y_{t+1})}{S_0^t(x_{t+1}, y_{t+1})} \times \frac{D_0^{t+1}(x_{t+1}, y_{t+1}/\text{VRS})}{D_0^{t+1}(x_t, y_t/\text{VRS})}$$

$$\times \sqrt{\frac{D_0^t(x_{t+1}, y_{t+1})}{D_0^{t+1}(x_{t+1}, y_{t+1})} \times \frac{D_0^t(x_t, y_t)}{D_0^{t+1}(x_t, y_t)}} \quad (4-12)$$

其中，等号右面的第一项表示规模效率变化，第二项表示纯技术效率变化，最后一项表示技术变化。规模效率衡量的是投入比例是否适当，从而能否实现最大产出的问题，规模效率越高表示规模越适度，生产效率越高。技术效率指的是在技术的稳定使用过程中，技术的生产效能所发挥的程度，用以衡量经济单元在一定技术水平下的最大产出能力。技术效率分解为纯技术效率与规模效率，即技术效率＝纯技术效率×规模效率。纯技术效率指能否有效利用生产技术，使产出最大化，该值表示投入要素在使用上的效率。生产率 M_0 分解为纯技术变化，规模效率变化及技术变化。这些值可能大于1、等于1或小于1，分别表示效率改进、效率没有变化和效率倒退的情况，本书将运用面板数据的 DEA – Malmquist 方法对中部地区80个地级城市的经济效率（全要素生产率TFP）进行测算。

4.2.2 变量说明与数据来源

（1）投入产出要素。

①劳动投入。该指标反映一定时期内投入生产经营活动中的劳动力人数，对经济发展起到重要的推动作用。本书用城镇单位就业人员数表示，具体指16周岁以上从事一定社会劳动并取得相应劳动报酬或经营收入的劳动人员数量。

②土地投入。传统的经济增长理论，将资本、劳动等作为影响产出水平的重要变量，然而，资本、劳动等要素价值的发挥需要土地作为载体。在现实经济发展过程中，土地投入的增加一般采用建成区规模的扩大，或者是建成区面积的增加来描述。尽管传统经济增长理论没有将土地要素考虑进来，但从中国的国情和发展现状来看，土地的投入（土地的征用及买卖）对于经济增长以及经济效率提高的影响，都是我们不得不考虑的重要因素。从现有文献看，众多学者将城市建成区面积作为城市规模的替代变量，有学者选取城市建设用地面积作为衡量土地投入的指标（王晓云、魏琦、胡贤辉，2016），本书采用城市建成区面积作为衡量土地投入的存量指标。

③人力资本存量。舒尔茨开创性的发展了现代人力资本理论，人力资本同物质资本一样成为促进经济增长的源泉。从单个劳动者的人力资本水平提高来说，

劳动者通过接受教育、培训等手段提升自我的劳动生产率，同时在知识外部性以及"示范效应"的作用下，对其周围劳动者人力资本水平也有促进作用，循环累积，全社会的人力资本水平将不断得到提高。人力资本是新经济增长的重要因素，包括人们的教育、健康、培训、信息获取等方面的开支，人力资本存量的测度方法较多，本书借鉴张学良（2012）、徐现祥等（2004）人的做法，采用平均受教育年限作为人力资本存量的代理变量，该方法将"教育获得"作为衡量人力资本水平的指标（Barro，2000）。具体为，平均受教育年限 $H = 6s_1 + 9s_2 + 12s_3 + 16s_4$，$s_1$、$s_2$、$s_3$、$s_4$ 分别表示6岁以上人口中小学文化、初中文化、高中文化和大专及以上文化程度人口占比。数据来源于《中国城市统计年鉴》及各省历年统计年鉴。

④物质资本存量。国内学者对资本存量进行估算的研究较多，且结果不一，主要问题在于几个关键变量的选择难以达成一致（张军，2003）。从现有文献看，资本存量的估算以全国或省级层面为主，对全国城市层面的资本存量估算相对较少，部分学者用固定资产投资额作为资本存量的替代指标（刘祥，2004；刘秉镰等，2009），柯善咨、向娟（2012）根据我国实际情况确定了永续盘存法所依赖的四个关键参数：固定资产投资建设周期、固定资产价格加权指数、加权折旧年限和初始资本存量，并根据各城市行政区变化调整了统计数据，估算了1996—2009年中国286个地级及以上等级城市资本存量。梳理现有文献发现，永续盘存法是估算地区资本存量相对有效的一种方法，本书拟采用该方法对中部地级城市2001—2014年历年资本存量进行估算，其计算公式为：

$$K_{it} = K_{it-1}(1-\delta) + I_{it}/p_t \tag{4-13}$$

其中，δ 为资本折旧率，p_t 表示固定资产价格指数，目前我国没有公布固定资产的平减指数，本书固定资产平减指数将采用城市所在省份以2001年为基期计算的GDP平减指数代替。基年资本存量，本书借鉴Youn采用的基年固定资产投资总额除以10%作为初始资本存量的方法（Youn，1999），折旧率采用Hall和Jones（1999）计算世界主要国家资本存量中使用的6%的数值。

⑤产出要素。本书选择地区生产总值表示。并以2001年为基期，采用各年GDP平减指数进行平滑调整，如表4-6所示。

表 4-6　　　　　　　　　　投入产出变量

	投入	劳动投入
		土地投入
		人力资本存量
		物质资本存量
	产出	人均 GDP 产值

(2) 数据来源。

相关数据来源于各年《中国城市统计年鉴》《中国区域经济统计年鉴》、2002—2015 年历年各省统计年鉴。采用 DEAP2.1 软件对数据进行处理，如表 4-7 所示。

表 4-7　　　　　　经济效率投入产出数据统计性描述

变量	观测值	均值	标准差	最小值	最大值
人均国内生产总值	1120	22951.51	16176.14	1252.50	106101.5
劳动力	1120	18.59	21.49	1.51	160.78
人力资本水平	1120	8.49	3.74	3.19	15.32
土地投入	1120	73.49	67.88	12	553
物质资本存量	1120	70860.31	171447.7	2386.06	2560590

资料来源：历年《中国城市统计年鉴》、各省统计年鉴数据整理，采用统计软件整理后得到。

4.2.3　中部地区地级城市经济效率测算结果分析

为了研究中部地区地级城市的经济效率情况，本书借助 DEAP 2.1 软件计算得到了 2001—2014 年各地级市的全要素生产率变化率及样本期间 Malmquist 指数均值及其分解（见表 4-8 和表 4-9）。

表 4-8　　　　　　2001—2014 年历年全要素生产率增长率

年份	2001—2002	2002—2003	2003—2004	2004—2005	2005—2006	2006—2007	2007—2008	2008—2009	2009—2010	2010—2011	2011—2012	2012—2013	2013—2014
合肥市	1.109	1.167	1.19	1.318	1.123	1.187	1.15	1.032	1.119	1.073	1.036	1.065	1.058
芜湖市	1.15	1.196	1.168	1.099	1.133	1.14	1.259	1.176	1.119	1.179	1.041	1.054	1.03

续表

年份	2001—2002	2002—2003	2003—2004	2004—2005	2005—2006	2006—2007	2007—2008	2008—2009	2009—2010	2010—2011	2011—2012	2012—2013	2013—2014
蚌埠市	1.106	1.111	1.173	1.232	1.154	1.073	1.174	1.064	1.174	1.101	0.954	1.091	1.059
淮南市	1.041	1.076	1.256	1.148	1.119	1.028	1.243	1.016	1.169	1.136	1.063	0.995	0.938
马鞍山市	1.062	1.147	1.288	1.344	1.108	1.185	1.134	0.975	1.167	1.103	1.1	1.281	0.622
淮北市	1.074	1.164	1.265	1.28	0.964	1.137	1.255	0.958	1.223	0.977	1.078	1.12	1.057
铜陵市	1.155	1.218	1.364	1.309	1.308	1.018	1.057	1.018	1.333	1.072	1.185	0.854	1.034
安庆市	1.046	1.194	1.238	1.07	1.117	1.037	1.069	0.903	1.401	1.065	1.022	0.876	1.069
黄山市	1.075	1.125	0.843	1.24	1.18	1.075	1.038	1.066	1.109	1.177	1.039	0.968	1.088
滁州市	1.076	1.051	1.135	0.867	1.046	1.088	1.161	0.913	1.129	1.061	1.145	1.054	0.646
阜阳市	1.01	1.008	1.049	1.09	1.07	1.046	1.035	0.948	1.166	1.09	1.025	0.925	1.021
宿州市	1.084	1.062	1.332	1.662	1.034	1.093	1.098	1.045	1.169	1.219	1.952	0.561	1.009
六安市	1.101	1.098	1.098	1.216	1.191	1.086	1.206	1.06	1.188	0.948	1.048	1.221	1.508
亳州市	1.063	1.082	1.236	1.002	1.156	1.119	1.195	1.069	1.079	1.19	1.049	0.845	1.05
池州市	1.101	1.105	1.19	1.113	1.032	1.036	1.214	1.204	1.091	1.151	0.831	1.079	
宣城市	1.254	1.196	1.159	1.112	1.16	1.127	0.973	1.276	1.089	0.423	1.022	1.079	1.138
太原市	1.105	1.123	1.143	1.395	1.142	1.144	1.128	0.919	1.064	1.131	1.085	1.036	1.022
大同市	1.035	1.168	1.182	1.223	1.088	1.172	1.124	0.428	1.043	1.195	1.049	1.155	1.012
阳泉市	1.089	1.09	1.156	1.336	1.142	1.121	0.958	1.073	1.104	1.191	1.094	0.926	0.883
长治市	1.044	1.122	1.125	1.304	1.096	1.008	1.153	1.084	0.951	1.177	1.121	1.048	1.05
晋城市	1.053	1.077	1.067	1.779	0.569	1.162	1.912	0.641	1.153	1.175	1.05	0.974	1.032
朔州市	0.884	1.133	1.211	1.24	1.214	1.377	1.325	1.44	1.054	1.054	1.175	0.958	0.97
晋中市	1.096	1.132	1.112	1.128	1.135	1.13	1.102	1.097	1.136	1.13	1.038	0.932	0.881
运城市	1.086	1.134	1.056	1.306	1.114	1.089	1.153	1.036	1.038	1.153	1.016	1.038	1.047
忻州市	1.114	0.987	0.935	1.196	1.152	1.132	1.229	1.32	1.055	1.143	1.046	1.022	0.922
临汾市	1.117	1.308	1.205	1.452	1.155	1.135	1.117	0.984	1.067	1.109	0.944	0.939	0.945
吕梁市	1.269	1.227	0.9	1.372	1.119	1.395	1.421	1.087	1.117	1.128	1.036	0.879	0.801
南昌市	1.119	1.145	0.976	1.255	1.101	1.159	1.126	0.788	1.102	1.188	1.147	0.915	2.101
景德镇市	1.153	1.165	1.129	1.103	1.06	1.095	1.128	1.031	1.203	1.116	0.998	0.97	1.029
萍乡市	0.809	1.141	1.189	1.246	1.128	1.27	1.165	1.019	1.212	1.269	1.106	0.905	1.083
九江市	1.149	1.367	1.071	1.154	0.949	1.01	1.57	1.058	1.117	1.097	1.011	1.177	1.066

续表

年份	2001—2002	2002—2003	2003—2004	2004—2005	2005—2006	2006—2007	2007—2008	2008—2009	2009—2010	2010—2011	2011—2012	2012—2013	2013—2014
新余市	1.151	1.06	1.165	1.276	1.147	1.294	1.227	1.219	1.232	1.079	1.045	0.91	0.905
鹰潭市	1.058	1.059	1.065	1.328	0.915	1.688	1.2	1.095	1.34	1.185	1.12	0.786	1.169
赣州市	1.031	1.098	1.075	1.249	1.112	1.15	1.237	1.1	1.064	1.073	1.05	0.953	1.137
吉安市	0.936	1.115	1.166	1.201	1.12	1.239	1.302	1.132	1.11	1.097	1.064	0.883	1.003
宜春市	1.075	1.002	1.131	1.315	1.079	1.164	1.166	0.929	1.049	1.13	1.084	1.073	1.03
抚州市	1.109	1.133	1.142	1.243	1.064	1.083	1.18	1.005	1.062	1.085	0.931	1.01	1.015
上饶市	1.126	1.13	1.032	1.315	1.098	1.028	1.07	1.087	1	1.138	0.994	1.024	1.009
长沙市	1.1	1.033	1.168	1.288	1.113	1.102	1.203	1.098	1.098	1.233	1.11	1.066	1.072
株洲市	1.084	1.026	1.15	1.104	1.11	1.289	1.17	1.026	1.127	1.143	0.972	0.962	1.008
湘潭市	1.095	1.001	1.197	1.115	1.133	1.224	1.074	1.344	1.024	1.24	1.079	1.112	1.079
衡阳市	0.989	1.157	1.102	0.917	1.145	1.374	1.225	1.056	1.145	1.143	1.045	1.032	0.942
邵阳市	1.114	1.129	1.196	1.146	1.16	1.14	1.147	1.026	1.082	1.153	1.033	0.984	0.953
岳阳市	0.981	1.09	1.197	0.99	1.201	1.088	1.098	1.034	1.292	1.021	1.125	0.986	0.961
常德市	1.224	1.229	1.266	0.839	1.206	1.127	1.179	1.008	1.181	1.231	1.153	1.01	1.105
张家界市	1.239	1.199	0.577	1.999	1.149	1.205	1.406	0.809	1.141	1.08	1.152	1.077	1.075
益阳市	1.182	1.233	1.684	1.003	1.067	1.266	1.211	1.039	1.181	1.155	1.1	1.064	1.056
郴州市	1.178	1.088	1.12	1.205	1.113	1.16	1.099	1.089	1.152	1.119	1.038	1.083	1.118
永州市	0.931	1.138	1.146	1.093	1.094	1.097	1.168	1	1.15	1.228	1.065	1.044	1.068
怀化市	1.103	1.093	1.192	1.141	1.095	1.208	1.178	1.051	1.176	1.119	1.121	1.022	0.984
娄底市	1.246	0.992	1.467	1.162	1.111	1.111	1.185	1.028	1.243	1.087	1.074	0.987	0.992
武汉市	1.069	1.068	1.125	1.111	0.787	1.177	1.221	1.007	1.104	1.158	1.178	1.073	1.09
黄石市	1.031	1.12	1.168	1.17	1.094	1.14	1.114	0.963	1.065	1.346	0.985	0.921	1.018
十堰市	1.201	1.044	1.249	0.955	1.007	1.21	1.104	1.079	1.396	1.13	0.976	1.008	0.872
宜昌市	1.064	1.091	1.373	1.068	1.045	1.192	1.147	1.082	1.172	0.774	0.909	0.968	1.128
襄阳市	1.032	1.12	1.157	1.48	1.055	1.1	1.199	0.986	1.188	1.228	1.1	1.012	1.089
鄂州市	1.089	1.121	1.115	1.02	1.139	1.22	1.226	1.11	1.119	1.15	1.083	1.115	1.02
荆门市	1.02	1.062	1.137	0.749	1.104	1.157	1.013	1.111	1.132	1.229	1.12	1.102	1.013
孝感市	1.073	0.999	1.116	1.141	1.299	1.138	1.221	1.117	1.043	1.02	1.067	0.783	0.944
荆州市	1.121	1.061	1.101	1.024	1.156	1.162	1.218	1.114	1.093	1.246	1.067	1.001	1.068

续表

年份	2001—2002	2002—2003	2003—2004	2004—2005	2005—2006	2006—2007	2007—2008	2008—2009	2009—2010	2010—2011	2011—2012	2012—2013	2013—2014
黄冈市	1.089	1.425	0.499	0.972	1.31	1.117	1.294	1.045	1.028	1.118	1.212	0.936	0.935
咸宁市	1.06	1.121	1.2	1.151	1.07	1.281	1.113	1.101	1.045	1.953	0.659	0.886	1.052
随州市	0.88	1.097	1.173	1.015	1.07	1.243	1.158	0.785	1.211	1.142	1.045	0.907	1.111
郑州市	1.126	1.099	1.197	1.012	1.142	1.074	1.252	0.943	1.614	1.267	1.236	1.014	1.031
开封市	1.051	1.118	1.155	1.013	1.102	1.209	1.243	1.099	1.123	1.011	1.042	1.119	1.336
洛阳市	1.091	1.253	1.207	1.045	1.154	1.048	1.112	0.892	1.078	1.109	1.215	1.101	0.98
平顶山市	1.1	1.12	1.276	1.114	1.119	1.222	1.304	1.025	1.108	1.082	0.823	0.966	0.978
安阳市	1.082	1.32	1.192	0.976	1.063	1.159	1.202	0.965	1.116	1.084	0.84	1.093	0.995
鹤壁市	1.074	1.119	1.224	1.167	1.097	1.182	1.18	0.933	1.094	0.979	1.044	1.022	0.96
新乡市	1.142	1.151	1.171	1.146	1.134	1.192	1.129	0.897	1.146	1.251	1.077	0.96	1.036
焦作市	1.128	1.074	1.239	1.092	1.066	1.165	1.157	1.028	1.14	1.032	1.126	0.806	1.266
濮阳市	1.036	1.154	1.1	1.132	1.186	1.045	1.192	0.831	0.82	0.8	0.912	1.969	0.946
许昌市	1.167	0.963	1.239	0.945	1.093	0.994	1.253	1.208	1.138	1.072	1.039	0.95	0.76
漯河市	1.036	1.188	1.282	2.106	1.105	1.133	1.136	0.977	1.051	1.116	1.021	1.038	0.931
三门峡市	1.01	1.045	1.163	1.058	1.237	1.386	0.917	1.192	1.117	1.107	1.122	1.143	1.068
南阳市	0.905	1.164	1.199	1.085	1.042	1.077	1.148	0.993	1.134	1.023	0.888	1.054	0.996
商丘市	0.885	0.989	1.302	1.23	1.082	1.139	1.177	0.924	1.143	1.128	1.006	1.075	1.128
信阳市	1.185	1.117	1.191	1.114	1.142	1.117	1.136	0.986	1.137	1.114	1.082	0.935	1.075
周口市	1.032	1.07	1.19	1.018	1.103	1.136	1.205	1.007	1.13	1.177	1.029	1.092	1.029
驻马店市	1.187	1.101	1.233	1.166	1.078	1.12	1.146	1.066	1.045	1.113	0.947	1.024	0.933

资料来源：历年《中国统计年鉴》《中国城市统计年鉴》、各省统计年鉴数据采用计量软件计算并整理得到。

表4－9　　2001—2014年各城市Malmquist指数均值及其分解

城市	技术效率变化指数	技术变化指数	纯技术效率变化指数	规模效率变化指数	全要素生产率（TFP）
合肥市	0.996	1.128	0.992	1.003	1.123
芜湖市	1.013	1.118	1.023	0.990	1.132
蚌埠市	0.999	1.112	1.001	0.998	1.111
淮南市	0.979	1.115	0.978	1.001	1.091
马鞍山市	0.994	1.106	0.993	1.002	1.100

续表

城市	技术效率变化指数	技术变化指数	纯技术效率变化指数	规模效率变化指数	全要素生产率（TFP）
淮北市	0.997	1.117	0.995	1.002	1.114
铜陵市	1.016	1.120	1.018	0.998	1.138
安庆市	0.971	1.109	0.968	1.003	1.077
黄山市	0.982	1.094	0.969	1.013	1.074
滁州市	0.948	1.074	0.942	1.006	1.017
阜阳市	0.954	1.086	0.949	1.004	1.035
宿州市	1.031	1.102	1.063	0.969	1.135
六安市	1.053	1.088	1.045	1.008	1.145
亳州市	0.980	1.105	0.985	0.995	1.083
池州市	0.994	1.103	0.989	1.005	1.096
宣城市	1.005	1.093	1.000	1.005	1.099
太原市	0.980	1.129	1.003	0.977	1.106
大同市	0.991	1.123	0.990	1.001	1.112
阳泉市	0.986	1.099	0.977	1.009	1.084
长治市	0.979	1.119	0.981	0.998	1.096
晋城市	0.977	1.097	0.987	0.990	1.073
朔州市	1.027	1.115	1.018	1.009	1.145
晋中市	0.990	1.089	1.005	0.985	1.077
运城市	0.994	1.102	1.001	0.992	1.095
忻州市	0.985	1.107	1.008	0.978	1.091
临汾市	1.000	1.105	1.010	0.990	1.105
吕梁市	1.140	1.110	1.287	0.886	1.265
南昌市	1.000	1.134	1.000	1.000	1.134
景德镇市	0.997	1.092	1.001	0.996	1.089
萍乡市	1.004	1.105	0.998	1.006	1.110
九江市	1.020	1.106	1.020	1.000	1.128
新余市	1.024	1.098	1.013	1.011	1.125
鹰潭市	1.019	1.115	1.000	1.019	1.136

续表

城市	技术效率变化指数	技术变化指数	纯技术效率变化指数	规模效率变化指数	全要素生产率（TFP）
赣州市	1.006	1.093	0.960	1.048	1.100
吉安市	1.005	1.094	1.019	0.986	1.099
宜春市	0.996	1.095	1.006	0.990	1.091
抚州市	0.992	1.088	0.996	0.996	1.079
上饶市	0.979	1.101	0.988	0.991	1.078
长沙市	1.014	1.112	1.007	1.007	1.127
株洲市	0.982	1.107	0.995	0.986	1.087
湘潭市	1.015	1.112	1.015	0.999	1.128
衡阳市	1.009	1.082	1.011	0.998	1.092
邵阳市	1.027	1.066	1.051	0.978	1.095
岳阳市	1.000	1.078	1.000	1.000	1.078
常德市	1.000	1.129	1.000	1.000	1.129
张家界市	1.054	1.114	1.076	0.979	1.174
益阳市	1.038	1.119	1.038	1.001	1.162
郴州市	0.991	1.130	0.989	1.002	1.119
永州市	0.985	1.109	0.990	0.995	1.091
怀化市	1.027	1.083	1.051	0.977	1.112
娄底市	1.025	1.095	1.038	0.987	1.123
武汉市	1.000	1.084	1.000	1.000	1.084
黄石市	0.977	1.108	0.976	1.000	1.082
十堰市	0.992	1.095	0.992	1.000	1.086
宜昌市	0.991	1.101	0.989	1.002	1.091
襄阳市	1.053	1.128	1.052	1.002	1.189
鄂州市	1.006	1.109	1.029	0.978	1.116
荆门市	0.955	1.116	0.960	0.996	1.066
孝感市	0.967	1.103	0.972	0.995	1.067
荆州市	0.998	1.110	1.000	0.999	1.108
黄冈市	0.976	1.117	0.987	0.989	1.091

续表

城市	技术效率变化指数	技术变化指数	纯技术效率变化指数	规模效率变化指数	全要素生产率（TFP）
咸宁市	0.995	1.106	0.992	1.003	1.100
随州市	0.963	1.096	0.980	0.983	1.056
郑州市	1.016	1.126	1.014	1.002	1.144
开封市	1.042	1.076	1.040	1.001	1.121
洛阳市	0.971	1.128	0.991	0.980	1.095
平顶山市	0.985	1.104	0.985	1.000	1.088
安阳市	0.976	1.104	0.974	1.001	1.077
鹤壁市	0.983	1.097	0.988	0.995	1.079
新乡市	0.999	1.107	1.003	0.995	1.106
焦作市	0.993	1.103	0.994	0.999	1.095
濮阳市	0.976	1.082	0.963	1.013	1.056
许昌市	0.962	1.095	0.966	0.996	1.054
漯河市	1.014	1.122	1.011	1.002	1.138
三门峡市	0.994	1.121	1.052	0.946	1.115
南阳市	0.951	1.105	0.961	0.989	1.050
商丘市	0.977	1.112	0.979	0.999	1.087
信阳市	0.984	1.118	0.981	1.003	1.100
周口市	0.981	1.113	0.976	1.005	1.092
驻马店市	0.999	1.087	1.005	0.994	1.086

资料来源：历年《中国统计年鉴》《中国城市统计年鉴》、各省统计年鉴数据采用计量软件计算得到。

如表4-8所示，中部地区地级城市的全要素生产率普遍在提升，省会城市全要素生产率在样本期间的提高幅度整体较高，合肥、太原、南昌、长沙、武汉、郑州六个省会城市2002—2014年全要素生产率分别增长12.3%、10.6%、13.4%、12.7%、8.4%、14.4%。

由表4-9样本期各城市Malmquist指数均值及其分解结果发现，自2001年以来，中部地区技术变化为正，增长了10.5%，根据Zheng和Hu的研究我国全要素生产率年均增长3.5%，而本书的研究结果表明，中部地区在2001—2014

年，全要素生产率增长了 10.2%。

由表 4-10 可知，2001—2014 年中部地区全要素生产率指数均值为 1.102，总体表现为效率改善，从各省的数据来看，六省全要素生产率也均为效率改善，其中，湖南省和山西省效率改善情况分列中部第一位和第二位。而安徽省和河南省改善程度相对靠后。对全要素生产率进行分解我们发现，中部地区技术变化指数相对较高，换句话说，中部地区全要素生产率的改善主要来自技术进步。这一研究结果与金相郁（2007）、刘建国（2012）的研究结论相吻合，他们在对不同时期我国全要素生产率研究时发现，区域全要素生产率主要来自技术变化，说明近年来国家所提出的创新驱动发展战略取得了显著的效果。

表 4-10　　2001—2014 年中部各省 Malmquist 指数均值及其分解

	技术效率变化指数	技术变化指数	纯技术效率变化指数	规模效率变化指数	全要素生产率（TFP）
安徽省均值	0.995	1.104	0.994	1.000	1.098
山西省均值	1.004	1.024	1.024	0.983	1.114
江西省均值	1.004	1.102	1.000	1.004	1.106
湖南省均值	1.013	1.103	1.020	0.993	1.117
湖北省均值	0.989	1.106	0.994	0.996	1.095
河南省均值	0.988	1.106	0.993	0.995	1.093
中部地区均值	0.998	1.105	1.002	0.995	1.102

资料来源：历年《中国统计年鉴》《中国城市统计年鉴》、各省统计年鉴数据采用计量软件计算得到。

如图 4-5 所示，样本期内中部地区全要素生产率环比均为上升方向，但自 2010 年以来增长速度出现较为明显的下降趋势。整体来看，2001—2014 年，中部地区及各省份的全要素生产率均值都大于 1，表明经济效率都得到了提高，湖南省全要素生产率提高幅度最大，达到年均增长 11.7%。技术效率和规模效率分别年均下降 0.2% 和 0.5%。

图 4-6、图 4-7 和图 4-8 分别描述了中部地区地级城市 2002 年和 2014 年全要素生产率增长率的空间分布情况，经过对比我们发现 2002 年各地级市经济效率增长率普遍高于历年的平均水平，表明全要素生产率的增长速度期初相对较

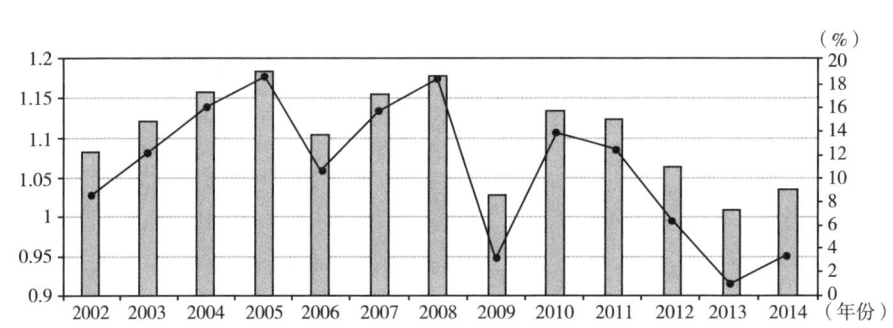

图 4-5 中部地区 2002—2014 年全要素生产率年增长率

资料来源：全要素生产率数据，采用计量软件绘制得到。

高，后期有所放缓。一般而言，企业内部治理不合理导致规模不经济、金融资本配置不当、市场不完善等因素可能导致经济效率的下降（张军，2002；Murakami，et al.，1996）或者增速降低。

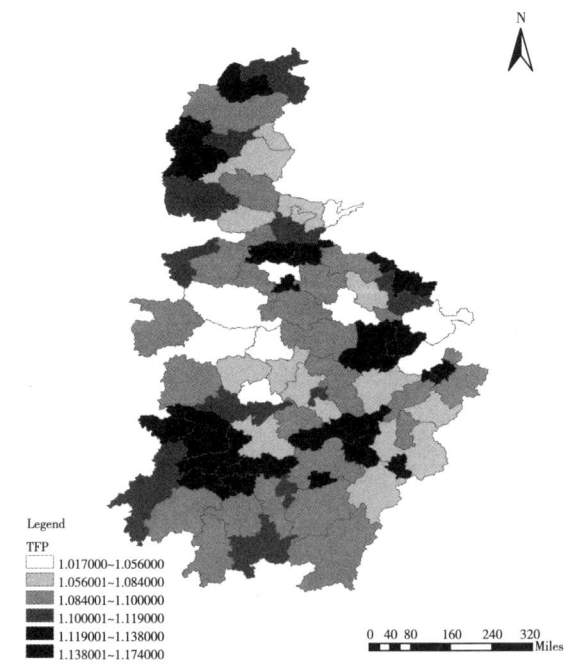

图 4-6 2002—2014 年中部地区全要素生产率增长率空间分布

资料来源：TFP 数据，采用统计软件绘制得到。

第4章 中部地区城镇化与经济效率测度

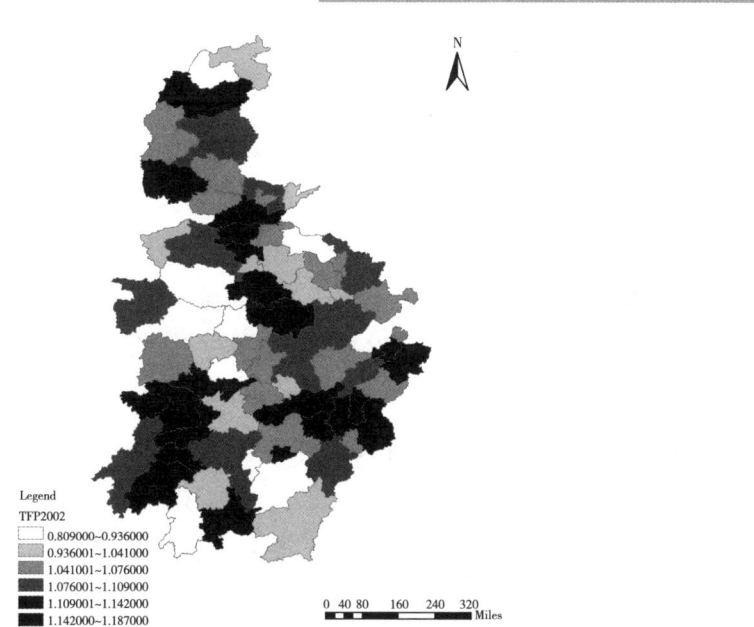

图4-7 2002年中部地区地级市全要素生产率增长率

资料来源：TFP数据，采用统计软件绘制得到。

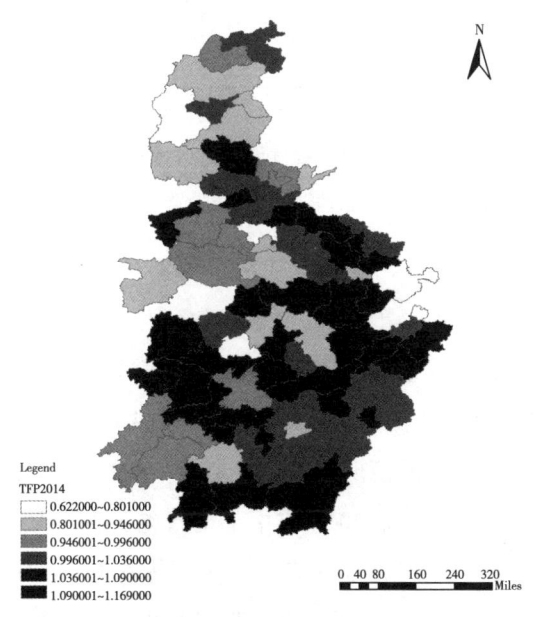

图4-8 2014年中部地区地级市全要素生产率增长率空间分布

资料来源：TFP数据，采用统计软件绘制得到。

技术效率指在给定各种不同投入要素的条件下实现最大产出的能力，或者是在给定产出水平下投入最少的能力。数据显示，中部地区技术效率年均下降0.2%，其中，安徽省年均下降0.5%，湖北省年均下降1.1%，河南省年均下降1.2%，山西省和江西省则年均增长0.4%，湖南省年均增长幅度最大，达到1.3%。测度结果表明，中部地区地级城市技术效率存在一定差异，山西省、江西省和湖南省三省样本期间技术效率增长率整体高于其他各省，即不同省份地级城市在现有技术条件下，这三个省份城市产出的整体能力高于其他省份的城市。此外，我们对比图4-7和图4-8，即2002年技术效率增长率和2014年技术效率增长率的空间分布发现，中部地区地级市间2014年的技术效率增长率差异较2002年均等化，也就是说，各城市技术效率增长率水平有趋同化趋势（见图4-9）。

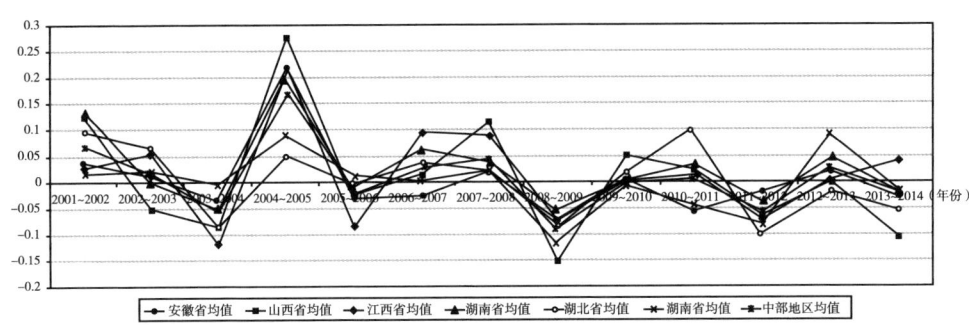

图4-9 中部六省技术效率指数变化趋势

资料来源：本书技术效率数据，采用统计软件绘制得到。

结果表明，在2001—2014年样本期间，中部地区地级城市技术变化指数（技术进步率）呈现出了快速增长的势头，年均增长达到10.5%，其中，安徽省年均增长10.4%，江西省增长10.2%，湖南省增长10.3%，湖北和河南省均增长10.6%，山西省增幅相对较小，为2.4%（见图4-10）。

从技术变化的空间分布图发现，对比图4-11和图4-12，即2002年与2014年技术进步的空间分布图发现，2014年中部地区绝大部分城市的技术进步水平都在改善，只有极少部分城市出现下降，例如，马鞍山市2014年技术进步下降了9.8%，宣城市下降了4.5%，晋中市下降了3.9%，新余市下降了3.1%，邵阳市下降了7.2%，开封市下降了6.4%，驻马店市下降了7.2%。

第4章 中部地区城镇化与经济效率测度

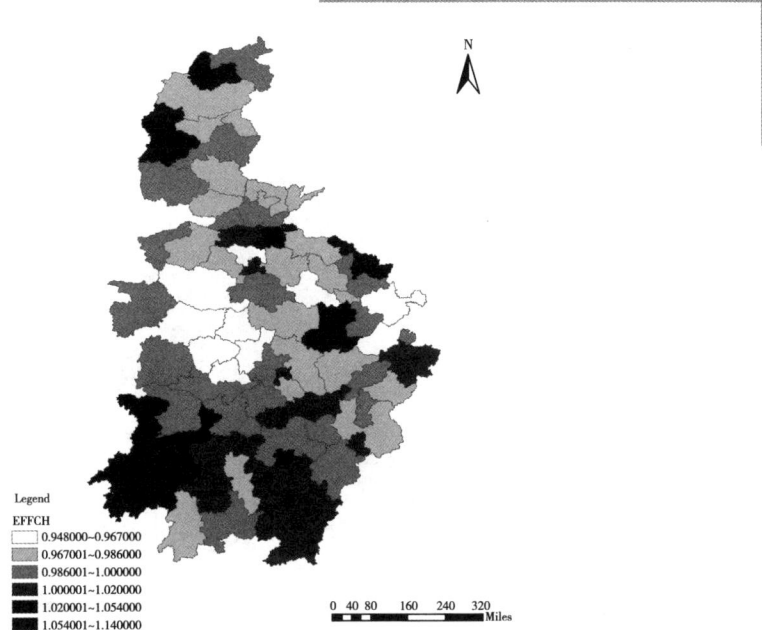

图4-10　2001—2014年中部地区技术效率累积增长率空间分布

资料来源：本书技术效率数据，采用统计软件绘制得到。

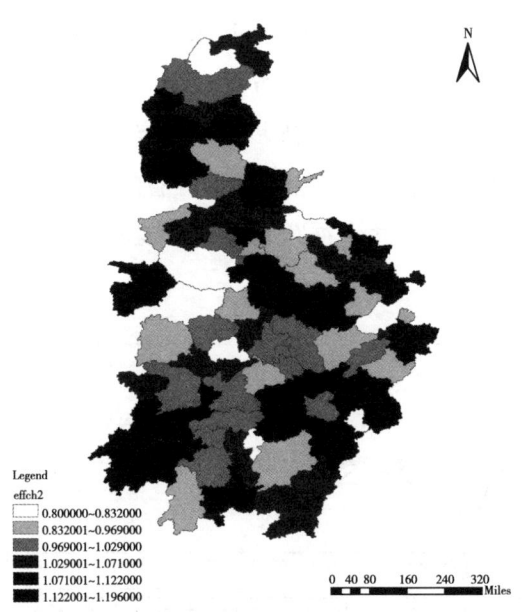

图4-11　2001年中部地区技术效率增长率

资料来源：本书技术效率数据，采用统计软件绘制得到。

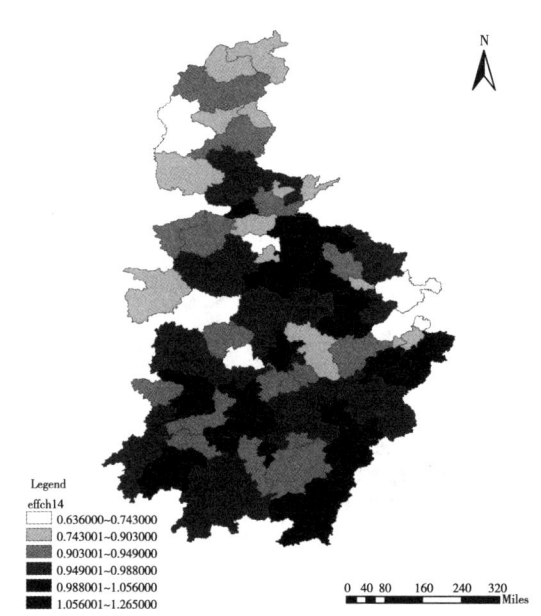

图 4-12　2014 年中部地区技术效率增长率空间分布

资料来源：本书技术效率数据，采用统计软件绘制得到。

图 4-13 表明，样本期内中部地区的技术变化（技术进步率）除个别年份外，整体水平波动不大，各省技术变化指数均为大于 1，2001—2003 年技术进步率显著提高，但随后大幅下降，后期逐步趋缓，而 2012 年后技术进步出现了一波 "V" 形反弹。此外，我们注意到中部地区各省的技术变化趋势具有较强的一致性。除 2013 年以外，各省技术变化均为正，表明其技术一直处于改善状态（见图 4-14~图 4-16）。

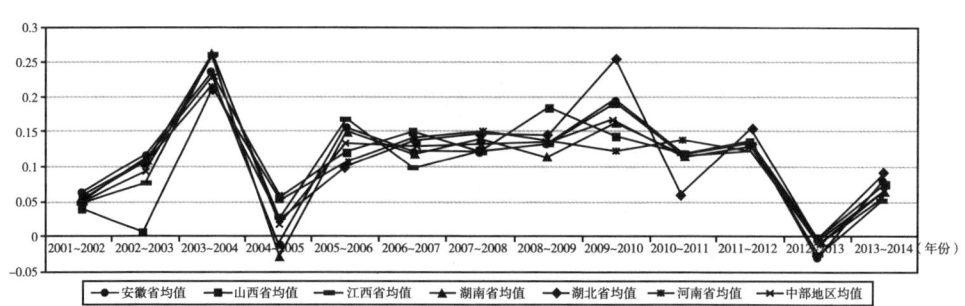

图 4-13　中部六省技术变化趋势

资料来源：本书技术效率数据，采用统计软件绘制得到。

第4章 中部地区城镇化与经济效率测度

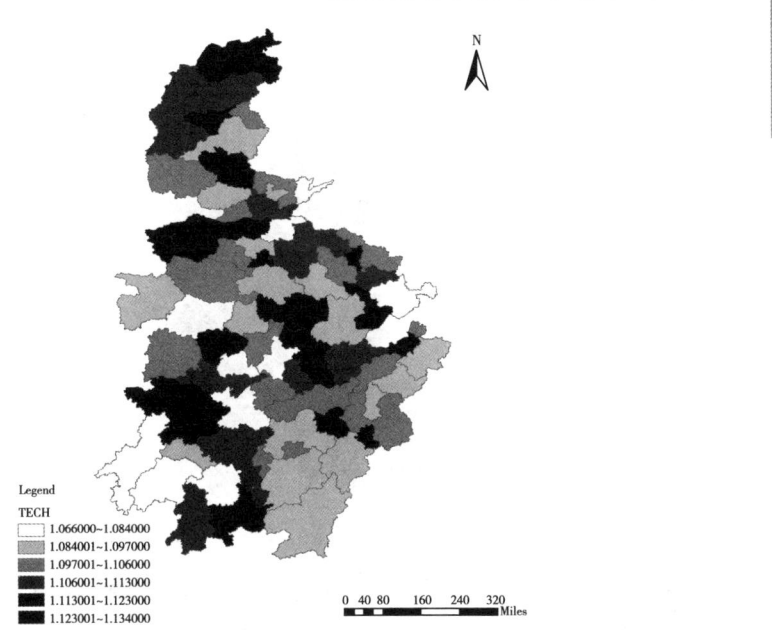

图4-14　2001—2014年中部地区技术进步累计增长率空间分布

资料来源：本书技术进步率数据，采用统计软件绘制得到。

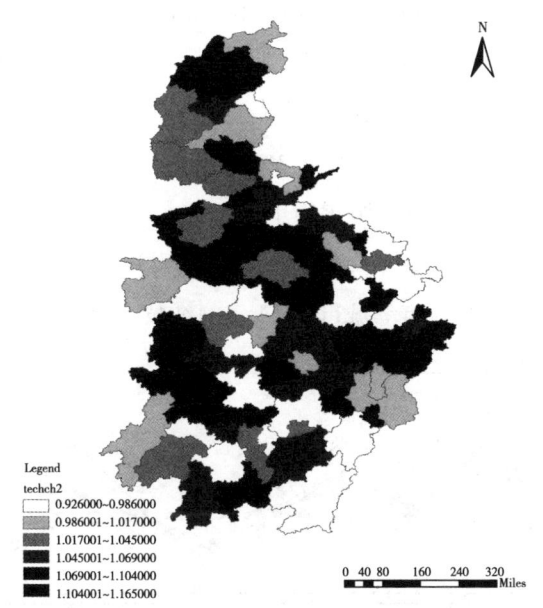

图4-15　2002年中部地区技术进步增长率空间分布

资料来源：本书技术进步率数据，采用统计软件绘制得到。

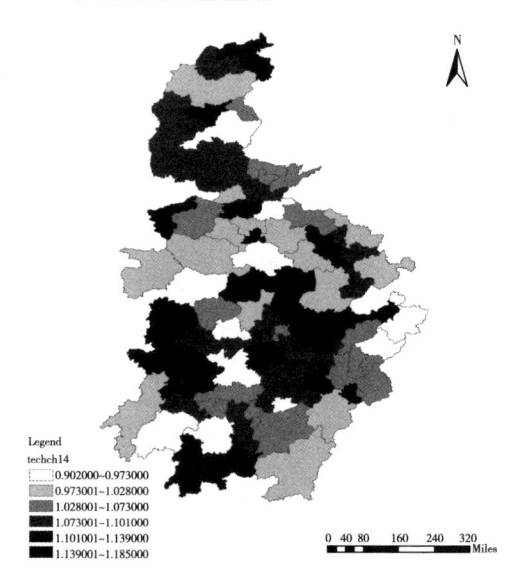

图 4 -16 2014 年中部地区技术进步增长率空间分布

资料来源：本书技术进步率数据，采用统计软件绘制得到。

从纯技术效率的变动趋势来看，2001—2014 年，中部地区纯技术效率呈现出波动状态，2004 年、2009 年、2010 年、2012 年、2014 年纯技术效率均出现不同程度的下降，其他年份中部地区纯技术效率则处于改善状态，其中，增长最快的年份是 2002 年、2005 年和 2010 年，分别增长了 5.6%、14% 和 5%。整体来看，样本期间中部地区地级市纯技术效率年均增长 0.2%，其中，山西省年均增速为 2.4%，湖南省年均增速为 2%，而安徽省则年均下降 0.6%，湖北省和河南省年均下降近 0.6%（见图 4 -17 ~ 图 4 -20）。从各地级市数据来看，晋城市、南昌市、抚州市、娄底市、湘潭市、开封市等城市 2014 年的纯技术效率增速相对较快。

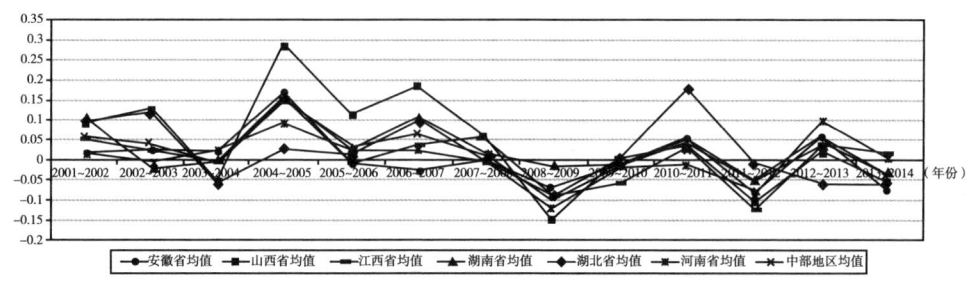

图 4 -17 中部六省纯技术效率变化趋势

资料来源：本书纯技术效率数据，采用统计软件绘制得到。

图 4-18　2001—2014 年中部地区纯技术效率进步累计增长率空间分布

资料来源：本书纯技术效率数据，采用统计软件绘制得到。

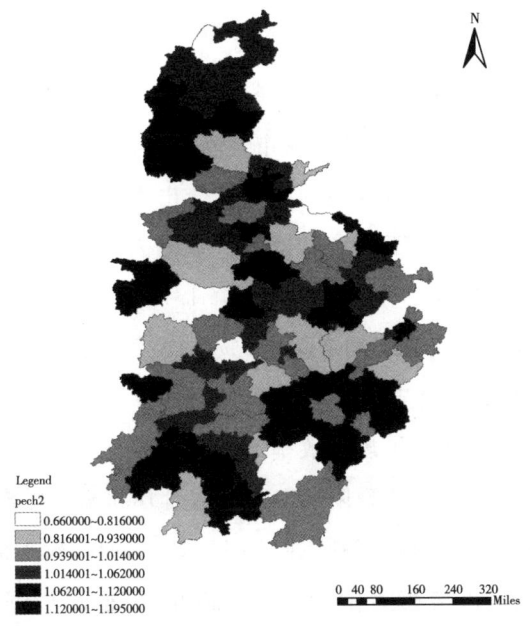

图 4-19　2001 年中部地区纯技术效率增长率空间分布

资料来源：本书纯技术效率数据，采用统计软件绘制得到。

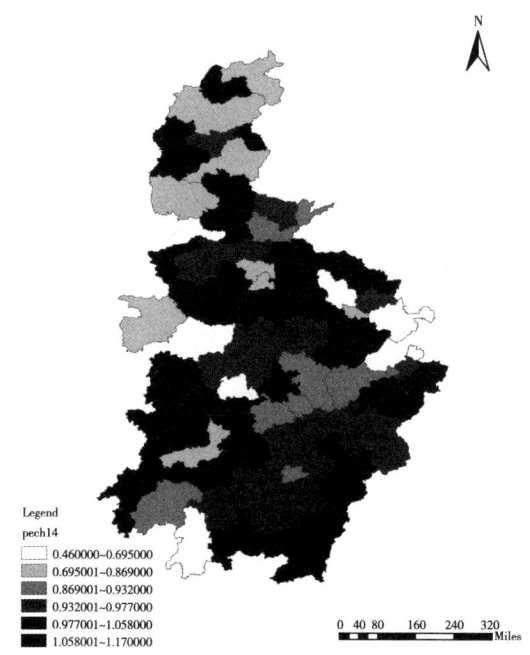

图 4 – 20　2014 年中部地区纯技术效率增长率空间分布

资料来源：本书纯技术效率数据，采用统计软件绘制得到。

图 4 – 21 反映了各省份规模效率的变动情况，各省间表现出了显著的规模效率差异性。随着城镇化过程的推进，城市规模不断扩大带来了规模经济问题，但正如我们所了解的，随着城市规模的扩大，会出现诸如交通拥堵、环境污染等"城市病"，进而产生外部"不经济"问题。数据表明，样本期间中部地区规模效率年均下降 0.5%，其中，山西省年均下降 1.7%，湖南省年均下降 0.7%，湖北省年均下降 0.4%，河南省年均下降 0.5%，而江西省则年均改善 0.4%。从图 4 – 21 各省规模效率变化趋势图可见，样本期各省级规模效率变化差异较为明显。从城市数据来看，2014 年规模效率增速中降幅较大的主要有，芜湖市下降了 8.1%，太原市下降了 5.7%，阳泉市下降达到 18.8%，晋城市下降了 15.4%，娄底市下降了 13.9%，三门峡市则下降了 17.2%。增幅较大的城市有，黄山市增速为 12.1%，忻州市增速为 15.5%，南昌市增速是 7.3%，咸宁市增速为 6.8%（见图 4 – 21 ~ 图 4 – 24）。

第4章 中部地区城镇化与经济效率测度

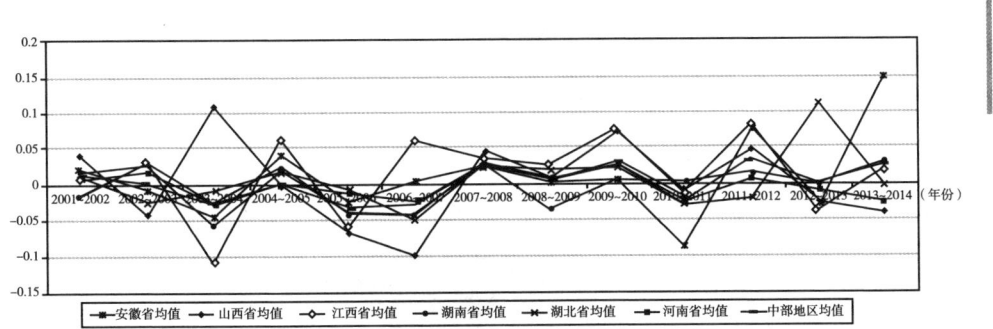

图 4-21 中部六省规模效率变化趋势

资料来源：本书规模效率数据，采用统计软件绘制得到。

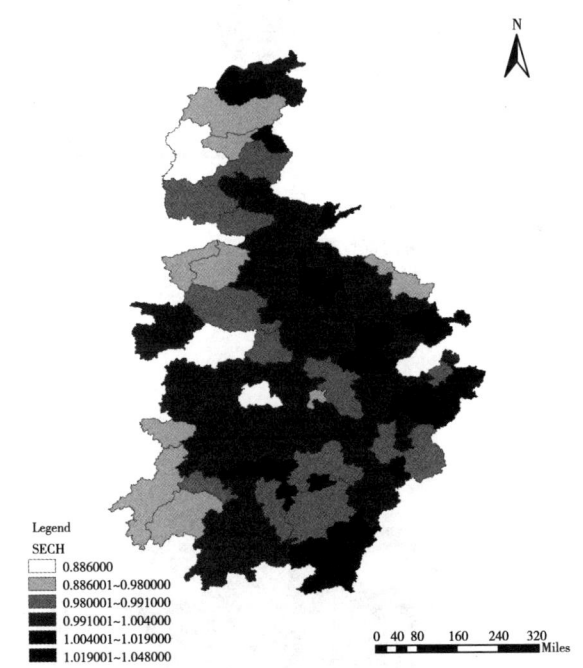

图 4-22 2001—2014 年中部地区规模效率累计增长率空间分布

资料来源：本书规模效率数据，采用统计软件绘制得到。

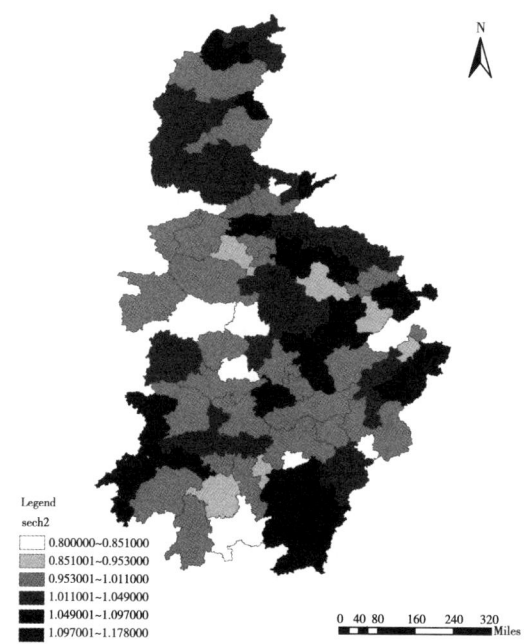

图 4-23　2001 年中部地区规模效率增长率空间分布

资料来源：本书规模效率数据，采用统计软件绘制得到。

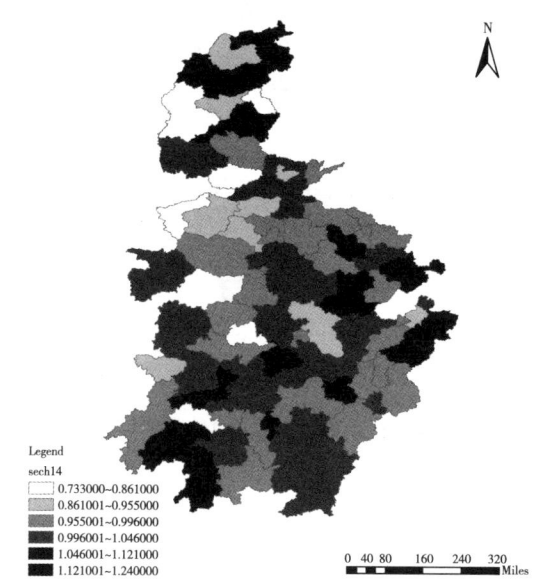

图 4-24　2014 年中部地区规模效率增长率空间分布

资料来源：本书规模效率数据，采用统计软件绘制得到。

4.3 本章小结

本章利用中部地区 80 个地级城市 2001—2014 年数据，首先，构建中部地区城镇化评价指标体系，其中包含人口城镇化、产业城镇化、生态环境可持续化、公共服务城镇化、城乡一体化等内容，采用熵值法测度了中部地区各地级城市的城镇化发展指数，结果显示，中部地区城镇化发展水平存在显著的空间差异。此外，为了考察中部地区经济效率水平，采用 DEA – Malmquist 指数方法对各地级城市的全要素生产率（TFP）进行测度，并对其动态演进及空间分布格局进行分析。全要素生产率分解后可以得到技术效率变动指数、技术变化指数（技术进步率）、纯技术效率变动指数、规模效率变动指数。

从中部地区整体看，全要素生产率在 2001—2014 年呈现出波浪式增长形态，全要素生产率环比均为上升方向，但自 2010 年以来增长速度出现较为明显的下降趋势。各城市 Malmquist 指数均值及其分解结果发现，自 2001 年以来，中部地区技术变化为正，增长了 10.5%，这一研究结果与金相郁（2007）、刘建国（2012）的研究结论相吻合，他们在对不同时期我国全要素生产率研究时发现，区域全要素生产率主要来自技术变化。根据 Zheng 和 Hu 的研究我国全要素生产率年均增长 3.5%，而本书的研究结果表明，中部地区在 2001—2014 年，全要素生产率增长了 10.2%，这主要是技术变化所带来的，说明近年来国家所提出的创新驱动发展战略取得了显著的效果。整体来看，2001—2014 年，中部地区及各省份的全要素生产率均值都大于 1，表明经济效率都得到了提高，湖南省全要素生产率提高幅度最大，达到年均增长 11.7%。技术效率和规模效率分别年均下降 0.2% 和 0.5%。技术变化（技术进步率）除个别年份外，整体水平波动不大，各省技术变化指数均为大于 1，2001—2003 年技术进步率显著提高，但随后大幅下降，后期逐步趋缓，而 2012 年后技术进步出现了一波"V"形反弹。此外，我们注意到中部地区各省的技术变化趋势具有较强的一致性。除 2013 年以外，各省技术变化均为正，表明其技术一直处于改善状态。

近年来，中部地区地级城市的全要素生产率普遍在提升，省会城市全要素生产率在样本期间的提高幅度整体较高，合肥、太原、南昌、长沙、武汉、郑州六个省会城市 2002—2014 年全要素生产率分别增长 12.3%、10.6%、13.4%、12.7%、8.4%、14.4%。而 2002 年各地级市经济效率增长率普遍高于历年的平均水平，表明全要素生产率的增长速度期初相对较高，后期有所放缓。一般而言，企业内部治理不合理导致规模不经济、金融资本配置不当、市场不完善等因素可能导致经济效率的下降（张军，2002；Murakami, et al., 1996）。

第5章

中部地区城镇化对经济效率的空间溢出效应分析

改革开放以来,我国城镇化发展取得了巨大成就,截至2015年年底,我国城镇常住人口达到77116万,城镇化率为56.1%,与之相随的是我国经济也取得了迅猛增长,人均国内生产总值从1978年的381元/人,增长到2015年年底的49351元/人。根据相关经济理论以及发达国家的发展经验,城镇化率在达到70%的水平之前,城镇化仍具有巨大的提升空间。中部地区地处我国中部,承东启西,接南连北,区位条件优越,然而截至2015年年底,中部地区城镇化率为51.2%,经济总量为146950.46亿元,约占全国经济总量的21.44%。中部地区资源环境承载能力相对较强,加快城镇化进程,培育新的增长极,有利于促进中部地区经济增长,推动区域协调发展。当前,中部地区进入城镇化加速发展的关键时期,一般而言,城镇化水平较低的地区,城镇化增速与经济发展的相关性较强(金荣学,2010),中部地区长期以来城镇化发展相对滞后,对经济发展的促进作用如何?迫切需要我们做出进一步的深入研究。与此同时,城镇化以空间综合变化为基本特征,区域之间的相关性是我们研究中不可忽视的因素,然而,目前对城镇化的研究大多忽视区域之间的空间相关性以及空间异质性[①],导致研究结论缺乏相应的解释力。

---

① 空间相关性(又称为空间依赖性)是指空间个体观测值之间相互依赖、相互影响。造成空间相关性的主要原因在于要素在空间上的流动、技术溢出等。空间异质性指空间单元存在发达地区和落后地区、中心(核心)和外围(边缘)地区等经济地理结构的非均质性。

5.1 空间计量模型的设定

5.1.1 空间相关性检验

在采用空间计量方法之前,首先需要对观测值进行空间相关性检验,以判断数据是否存在空间依赖性。如果不存在空间相关性,则使用传统的计量方法构建模型,并对模型进行传统的回归估计即可。如果存在空间相关性,则需要构建空间计量模型,并选择恰当的估计方法对模型进行估计。此外,需要说明的是,在计量经济方法中,采用时间序列数据分析一般无法考虑到空间相关性问题,截面数据可以处理空间自相关问题,但忽视了时间的连续性对经济活动的滞后影响,因此,为了提高计量结果的可靠性,构建空间面板数据是我们全面准确考察经济活动作用机制的重要内容。

空间相关性检验一般有两种方法:一种是 Geary's 比率检验,另一种是比较常用的由 Anselin(1988)提出的 Moran'I 系数检验。Moran 指数检验不容易受偏离正态分布的影响,现实中应用相对较多,本章拟采用 Moran 指数对中部地区 80 个地级市的人均 GDP(被解释变量)以及城镇化率(核心解释变量)的空间相关性进行检验,具体又包括两种方法:一是全域 Moran 自相关检验;二是局部 Moran 自相关检验。具体计算方法如下:

$$\text{Morans'I} = \frac{\sum_{i=1}^{n}\sum_{j=1}^{n}w_{ij}(x_i-\bar{x})(x_j-\bar{x})}{S^2\sum_{i=1}^{n}\sum_{j=i}^{n}w_{ij}} \qquad (5-1)$$

其中,$S^2 = \frac{\sum_{i=1}^{n}(x_i-\bar{x})^2}{n}$,$\bar{x} = \frac{\sum_{i=1}^{n}x_i}{n}$,$S^2$ 为样本方差,w_{ij} 为空间权重矩阵的 (i,j) 元素,用来描述区域 i 和区域 j 的空间关系,n 为城市的数量。Moran 指数检验全域空间自相关水平,其取值介于 (-1,1) 之间,指数大于 0 表示存

在空间正自相关,指数小于 0 表示存在空间负自相关,指数等于 0 表示空间独立分布,不存在空间相关性;绝对值越大表明空间相关程度越高,反之则越小。

然而,全域自相关检验的局限性在于,当区域内部分单元的检测值存在正向作用,同时其他单元存在反向作用,例如,部分单元之间表现为集聚效应,其他单元表现为扩散效应时,二者作用相互抵消,测得的全域自相关系数则可能整体表现为不存在或较弱的空间相关性,导致区域内各单元的相关关系和异质性无法被识别。为了考察各空间单元的相关关系,以及该单元对整体区域空间相关性的贡献大小,我们需要借助于局域 Moran 指数以及莫兰散点图更为直观地刻画区域局部单元的空间依赖性和空间异质性(Anselin,2003)。

$$\text{Moran'I} = \frac{(x_i - \bar{x})}{S^2} \sum_{j=1}^{n} w_{ij}(x_j - \bar{x}) \quad (5-2)$$

Moran 散点图共分为四个象限:右上角为第一象限,表示观测值高高水平的集聚情况(HH);左下角为第三象限,表示观测值低低水平的集聚情况(LL);其他两个象限则表示高水平与低水平的集聚情况(HL 或 LH)。第一象限和第三象限描述的是正的空间自相关关系。第二象限和第四象限则描述了负向的空间自相关关系。

$$W = \begin{pmatrix} w_{11} & w_{12} & \cdots & w_{1n} \\ w_{21} & w_{22} & \cdots & w_{2n} \\ \vdots & \vdots & \vdots & \vdots \\ w_{n1} & w_{n2} & \cdots & w_{nn} \end{pmatrix} \quad (5-3)$$

进行空间计量分析的前提是度量区域之间的空间"距离",空间权重矩阵(Spatial Weighting Matrix)是区别与传统计量经济学的重要依据之一,也是空间计量回归的核心内容之一。在实际分析中设定为外生,包含 n×n 维关于区域 i 和区域 j 之间空间联系的外生信息,不需要通过模型估计得到,只须通过权值计算即可。将空间权重矩阵定义为 W,其元素为 W_{ij},用以描述城市 i 与城市 j 的空间关系,其中,主对角线上元素 $W_{11} = W_{22} = \cdots = W_{nn} = 0$,即同一区域的"距离"为 0。较为常用的空间权重矩阵设定方法有两种:一是空间距离,二是经济距离。空间距离规则下空间权重矩阵设置的原则是：

$$W_{ij} = \begin{cases} 1 & 当区域i与区域j有共同边界 \\ 0 & 当区域i与区域j没有共同边界 \end{cases} \quad (5-4)$$

最常用的"空间距离"关系是"相邻"，邻接原则下构建空间权重（W_1）：矩阵元素 w_{ij} 为：0 和 1，在空间单元 i 和 j 相邻时等于 1，如果两单元不相邻则为 0，即相邻与否来描述空间单元之间的空间关系，其假设只有相邻地区之间存在相互影响，反之，不相邻的空间单元之间不存在联系，这一假定显然过于严苛，与现实不符，实际上，不相邻的地区之间经济活动也存在相互作用，但距离可能会削弱这种作用的力度，王欣等（2006）、陆铭等（2011）研究指出，在中国区域经济发展过程中，地理距离对经济的空间分布影响显著，一般而言，中心区域对外围地区经济活动的辐射带动作用随距离而衰减。第二种是经济距离空间权重（W_2）：本章借鉴林光平等（2005）的方法，采用地区间人均实际地区生产总值的差额作为测度地区间"经济距离"的指标，$W_2 = W \times E$，其中，W 是地理距离的倒数，地理距离用城市之间的球面距离测量，当 i = j 时，即对角线元素为 0，矩阵 E 的元素由各城市人均地区生产总值均值之差绝对值的倒数所组成。部分文献对空间权重矩阵进行"行标准化"处理，即将矩阵中每个元素除以其所在行元素之和，保证每行元素之和等于 1，行标准化处理的局限性在于：一方面，空间权重矩阵不再是对称矩阵；另一方面，每行元素之和均等于 1，意味着区域 i 所受其邻居影响之和，一定等于区域 j 受其邻居影响之和，这种假定过强。

随着交通基础设施不断完善、通信网络技术不断提高，地区之间的通达性日益增强，信息交流日益充分，改变了原先由于地区间地理空间分布的隔离空间效应很难发挥的情况。当前，我们运用适当的计量和统计手段证实了地区间空间效应的存在。设定科学合理的空间权重矩阵用以刻画地区之间的空间距离，是我们准确度量变量空间作用机制和大小的关键问题。邻近原则下构建的空间权重矩阵（W_1），矩阵元素 w_{ij} 在空间单元 i 和 j 相邻时取值为 1，如果两单元不相邻则取值为 0，矩阵元素为：0 或 1，即相邻与否来描述空间单元之间的空间关系，其假设只有相邻地区之间存在相互影响，反之，不相邻的空间单元之间不存在联系，此种方法构建的权重矩阵能够较为直观地反映区域间的空间位置关系，但是根据地理学第一定律，任何事物与周围事物均存在联系，而距离较近的比距离较远的事物联系更为紧密。因此，邻近原则在一定程度上对空间关系的刻画存在缺陷，但是从实际应用来看，被众多学者接受，从总体上看，其对经济活动的反映本质上没有影响。但经济距离权重更符合空间经济学的基本理论。本章将同时构建在邻近原则下建立的空间距离权重和经济距离权重。

5.1.2 空间计量模型的设定及溢出效应释义

对中国区域经济增长问题更为符合实际的研究，需要对地区间经济活动的相互影响予以甄别（Fingleton，2003；Fingleton and Ló'pez-Bazo，2006），经济关联是经济增长的重要来源（Douglas and Schwartz，1995；Grossman and Helpman，1991；赵作权等，2011）。Elhorst等（2010）以储蓄率为例，阐释了空间交互作用的机理。我们结合本章的内容加以说明，当我们对不同经济单元的经济活动进行考察时，一个地区经济增长依赖于本地区各种要素投入的增加以及要素之间配置比例的优化。同时，相邻地区的要素投入水平和配置结构对本地区的经济增长也会产生影响，即我们所说的溢出效应。经济增长过程中的这种空间关联性，体现在模型中的话，表现为WY、WX（Elhorst，2012）。在计量经济方法中，采用时间序列数据分析一般无法考虑到空间相关性问题，截面数据可以处理空间自相关问题，但假定各截面单元为同质，忽略了时空演变特征的时间尺度的相关性，与现实不符，从而降低了计量结果的可靠性，因此，本章将构建空间面板数据模型，以期更为准确全面地把握地区经济活动的空间相关性与时间相关性。此外，在进行空间计量的实证分析时，选择恰当的空间计量模型是我们进行空间计量分析的重要内容[①]。

5.1.2.1 空间计量模型的分类

自 Kelejian（2007）主张在模型中应同时包含因变量空间滞后项和空间自相

[①] 空间溢出效应指某一区域的经济增长对其他区域尤其是相邻区域经济的影响，是外部性的经济学本质。

关误差项奠定了空间计量模型设定的未来发展基调以来,空间计量的思维方式有了突破性重大变化。先前的研究多基于 Anselin (1988) 开创性的书籍,以及 Anselin 等 (1996) 发展起来的 LM 检验 (Lagrange Multiplier Tests) 如何在空间滞后模型 (Spatial Lag Model or Spatial Auto Regression Model, SAR) 和空间误差模型 (Spatial Error Model, SEM) 之间进行选择;之后, Le Sage 和 Pace (2009) 在其研究中构建了面板空间交互模型,又称空间杜宾模型 (Spatial Durbin Model, SDM),被视为是空间计量应用领域的一个里程碑。面板数据的空间计量模型主要包括:空间滞后模型 (SLM)、空间误差模型 (SEM)、空间杜宾模型 (SDM)。SLM 模型意味着模型中因变量在空间传导机制的作用下对其他地区因变量产生影响。SEM 模型假定地区之间的溢出效应由随机冲击导致,地区间的空间交互作用在误差项中体现出来,而 SDM 模型即包括自变量空间滞后项以及误差空间滞后项。空间滞后模型 (SLM)、空间误差模型 (SEM)、空间杜宾模型 (SDM),具体形式分别如下:

(1) 空间滞后模型。

$$Y_{it} = \alpha_0 + \rho W_{it} Y_{it} + X_{it} \beta^T + \mu_i + \lambda_t + \varepsilon_{it} \quad (5-5)$$

其中,W_{it} 表示空间滞后变量,用以度量因变量变化对其他地区产生的溢出效应。

(2) 空间误差模型。

$$Y_{it} = \alpha_0 + X_{it}\beta + \mu_i + \lambda_t + \varepsilon_{it}, \varepsilon_{it} = \lambda W_{it}\varepsilon_{it} + \theta_{it} \quad (5-6)$$

(3) 空间杜宾模型。

$$Y_{it} = \alpha_0 + \rho w_{it} y_{it} + \beta X_{it} + \theta^T W_{it} X_{it} + \mu_i + \lambda_t + \varepsilon_{it} \quad (5-7)$$

其中,y 为被解释变量;ρ 为空间回归系数;X 包括两部分内容:一是核心解释变量,二是控制变量;μ_i、λ_t 分别表示区域 i 的个体效应和时间效应;ε_{it} 为随机误差项。

5.1.2.2 溢出效应的参数释义与效应分解

Anselin (1988) 认为,当空间滞后项回归系数不为零时,普通回归的系数不再简单反映自变量对因变量的影响,进而提出空间偏微分方法对总效应进行分解,能够更好地描述变量之间的空间交互作用。LeSage 和 Pace(2009)指出,传统计量方法由于忽视样本单元之间的空间相关性,建立在空间独立假设下的传统计量方法,其估计结果有偏,而偏微分方法能够避免有效解释变量之间的空间依赖关系,避免偏误的产生。现有文献中直接使用因变量或自变量的回归系数来衡量空间溢出效应是不恰当的,正确的做法是通过偏微分矩阵识别各变量的溢出效应(直接溢出效应、间接溢出效应及总溢出效应),直接效应、间接效应以及总效应是评价整个经济系统内不同变量之间相互影响程度的有效手段。以下通过一般的空间杜宾模型对溢出效应及相关参数进行分解说明:

$$y = \lambda Wy + X\beta + \varepsilon \qquad (5-8)$$

其中,y 为被解释变量;X 包括两部分内容:一是核心解释变量,二是控制变量;W 为反映空间各单元空间关系的权重矩阵;β 为解释变量的相应系数。式(5-8)可改写为:

$$Ay \equiv (I - \lambda W)y = X\beta + \varepsilon$$
$$y = (I - \lambda W)^{-1}X\beta + (I - \lambda W)^{-1}\varepsilon \qquad (5-9)$$
$$x_r = (x_{1r}\ x_{2r} \cdots x_{nr})'$$

$$X\beta = (x_1 \cdots x_k)(\beta_1 \cdots \beta_k)' = \sum_{r=1}^{k} \beta_r x_r$$

$$y = \sum_{r=1}^{k} \beta_r (I - \lambda W)^{-1} x_r + (I - \lambda W)^{-1}\varepsilon \equiv \sum_{r=1}^{k} S_r(W) x_r + (I - \lambda W)^{-1}\varepsilon \qquad (5-10)$$

$$S_r(W) \equiv \beta_r (I - \lambda W)^{-1}$$

其中,X 为 n×k 矩阵,即样本容量为 n 的 k 列解释变量(解释变量个数);In 表示 n 阶单位矩阵;将式(5-10)展开可得:

$$\begin{pmatrix} y_1 \\ y_2 \\ \vdots \\ y_n \end{pmatrix} = \begin{pmatrix} S_r(W)_{11} & S_r(W)_{12} & \cdots & S_r(W)_{1n} \\ S_r(W)_{21} & S_r(W)_{22} & \cdots & S_r(W)_{2n} \\ \vdots & \vdots & \vdots & \vdots \\ S_r(W)_{n1} & S_r(W)_{n2} & \cdots & S_r(W)_{nn} \end{pmatrix} \begin{pmatrix} x_{1r} \\ x_{2r} \\ \vdots \\ x_{nr} \end{pmatrix} + (I - \lambda W)^{-1}\varepsilon \qquad (5-11)$$

$$\frac{\partial y_i}{\partial x_{jr}} = S_r(W)_{ij} \qquad (5-12)$$

$$\frac{\partial y_i}{\partial x_{ir}} = S_r(W)_{ii} \qquad (5-13)$$

其中，$S_r(W)_{ij}$ 为 $S_r(W)$ 的 (i, j) 元素，表明在空间计量模型中，区域 j 的变量 x_{jr} 对任意区域 i 的被解释变量都具有一定的影响作用，具体而言：主对角线上元素 $S_r(W)_{ij}$ 表示，区域 i 的变量 x_{ij} 对本地区被解释变量 y_i 的直接效应，矩阵 $S_r(W)$ 主对角线元素之和，表示变量 x_r 对被解释变量的直接效应之和；矩阵 $S_r(W)$ 的第 i 行元素之和，即 $\sum_{j=1}^{n} S_r(W)_{ij}$，表示对区域 i 的被解释变量 y_i 的总效应，而矩阵所有元素之和表示变量 x_r 的总效应；主对角线以外的元素之和表示区域 i 的被解释变量 y_i 的间接效应之和①。从本章的研究意义上来讲，其主旨在于对中部地区地级城市之间城镇化发展对经济效率改善产生的空间溢出效应进行阐述，那么检验模型的选择就理论而言，不应该止步于 OLS、SLM 或者 SEM，因为 OLS 和 SEM 模型已经默认不存在溢出效应，而 SLM 模型并未包含解释变量的空间交互影响，因此，我们需要构建空间杜宾模型才能实现对经济效率的空间溢出效应分解，当然，本章之所以构建 SDM 模型有其理论的合理性和实际的必然性，我们将在后面进行说明。

5.2 变量、数据与模型设定

5.2.1 数据来源及变量说明

为考察城镇化发展对地区经济效率的空间溢出效应，本章采用 2001—2014

---

① 直接效应指本地区自变量对本地区因变量的作用力，加上本地区自变量通过空间滞后项叠加作用于其他地区因变量的作用力再作用于本地区因变量的影响力。间接效应是指其他地区自变量对本地区因变量的直接影响力及其他地区自变量对因变量作用力通过空间滞后作用叠加到本地区因变量上的效应，即其他地区自变量对本地区因变量的总作用力。总效应是指综合考虑空间作用后，自变量对因变量的影响力的总和。

年中部地区 80 个地级城市面板数据进行实证分析，指标数据来源于《中国区域经济统计年鉴》《中国城市统计年鉴》《中国人口和就业统计年鉴》、各省历年统计年鉴、中国经济与社会发展统计数据库①。运用 Stata 12.0 及相应软件包进行实证分析。需要说明的是，由于地级城市部分数据的可得性，本章最终选择了样本期为 2001—2014 年，没有能够对更长时期进行考察，是本章的一大缺憾。模型中包含的变量包括以下几种。

被解释变量选取各城市 DEA - Malmquist 计算得到的全要素生产率（TFP）作为经济效率的衡量指标，用 DEA - Malmquist 计算得到的是每年全要素生产率变动率，也就是各年全要素生产率的环比变动速度，需要对其进行处理，本章以 2001 年为定期，将 TFP 的环比值折算成定比值后进行回归分析。

核心解释变量城镇化（Urb）是一个内涵丰富的概念，本章通过构建评价指标体系，综合测算了中部 80 个地级城市城镇化发展指数，用以描述各城市城镇化综合发展水平，其中包含人口城镇化、产业城镇化、生态环境可持续化、公共服务城镇化、城乡一体化等内容，相对准确全面地考虑到了城镇化的科学内涵和现实要求。控制变量的选取参考相关理论与文献，具体内容如下：

（1）政府作用（GOV）：市场这只"看不见的手"能够自动地配置资源，实现资源的优化配置。然而长期以来，由于我国所处的特殊发展环境和阶段，市场经济体制尚不够健全，政府在经济发展过程中扮演着重要的角色。当前，政府职能的转变能否更好地发挥市场对资源的配置作用，是其提升经济效率的关键所在。对于政府作用的衡量指标的选择，本章采用政府支出占 GDP 比重来描述。

（2）经济开放度（Open）：经济开放程度一方面是地区经济发展活力的重要表现；另一方面，经济的开放有利于打破市场分割，影响地区、行业、部门、企业内部间相互学习先进的生产和管理经验，进而有助于经济效率水平的提高。地区经济开放水平一般采用外商投资额来描述。外商投资一方面是资金

---

① 数据说明：安徽省巢湖市于 2011 年 7 月并入合肥市，改设为县级单位，本章将其剔除；考虑到数据的可得性，本章不包括湖北仙桃市、神农架林区、恩施土家族苗族自治州以及湖南湘西土家族苗族自治州。

的投入，另一方面是引进了先进的技术及管理经验，两者对经济增长及效率改善都具有突出的促进作用。本章拟采用各地级市实际利用外资额占地区生产总值比重来描述。

（3）金融发展（Fin）：众所周知，金融市场的发展是现代经济的核心内容，理论研究及实践经验均表明金融市场的发展有利于长期的经济增长（Schumpeter，1912；Tobin，1965；周立、王子明，2002；卢峰、姚洋，2004；赵勇、雷达，2010）。金融发展的一般理论认为，在经济增长的早期，金融市场通过金融机构的扩张与金融服务的增加促进经济增长。本章采用人均金融机构资金运用额占 GDP 比重来描述金融发展水平（徐丽，2010）。

（4）基础设施水平（Inf）：根据新古典经济增长理论，全要素生产率的提高对于经济长期实现持续快速增长，具有重要的意义。一方面基础设施投资能够直接拉动经济增长；另一方面，完善的基础设施有利于形成规模效应和网络效应，提高经济的配置效率（刘生龙，2010）。我国基础设施条件相较于大部分发展中国家，甚至部分发达国家，都具有一定的领先优势，对经济增长的推动作用一直以来备受学者们关注。张学良（2012）研究表明，交通基础设施对经济增长具有显著的推动作用，但同时也指出，忽视了空间因素影响会高估交通基础设施对区域经济增长的作用，并得出交通基础设施对区域经济增长的产出弹性为 0.07 的结论。中国经济增长前沿课题组认为公共基础设施投资的扩张，推动了我国城镇化和区域经济增长，政府的土地财政对城镇化具有直接加速效应。交通基础设施对全要素生产率有着显著的正向促进作用（刘秉镰、武鹏等，2010），交通是城市形成和发展的关键因素，对城市扩张起到积极作用（Ratzel，1939；Timofeev，2009），交通基础设施有利于城市集聚效应和规模效应的发挥以及城市经济功能的完善。交通距离对经济活动的空间集聚产生重要影响（Weber，1929；Christaller，1933；Losch，1954），可以降低运输成本，促进要素流动，加强人才、信息交流，从而缩短了地区间的空间距离。Rudel 和 Richards（1990）研究表明，地区交通的发达程度与城镇化速度具有正向关联关系。伴随着区域市场化程度的不断提高，区域之间经济活动的联系日益密切，作为各种经济要素流通载体的交通基础设施，有助于改善地区之间的通达程度，对经济效率的改善作用从理论上看是明显的。本章采用人均道路面积（INF）描述地级城市基础设施水平。

（5）省际虚拟变量（D）：考虑到省际因素的差异可能给结果造成一定影响，中部六省（安徽、山西、江西、湖南、湖北、河南）引入5个省际虚拟变量D_{ik}，当城市i隶属于省份k时，D_{ik}等于1，不隶属于k时则为0（k=1，2，3，4，5）。

本章借鉴吕健（2011）、刘华军（2014）等学者的做法，将城镇化率作为核心变量，引入控制变量，构建城镇化对经济增长的普通回归模型，并对所有变量取自然对数，以消除多重共线性问题，采用双对数模型的优点还在于，可以提高模型的拟合度，模型参数表示弹性的概念，具有更加直观的经济含义。普通回归模型如下：

其中，c为常数项，β为回归系数，ε为随机误差项。对于空间权重矩阵的选择，本章沿用前面邻接空间权重和经济空间权重两种矩阵形式：

$$\ln TFP_{it} = c + \beta_1 \ln Urb_{it} + \beta_2 \ln Gov_{it} + \beta_3 \ln Open_{it} + \beta_4 \ln Fin_{it} \\ + \beta_5 \ln Inf_{it} + \beta_6 D_{ik} + \varepsilon_{it} \quad (5-14)$$

全要素生产率是对生产效率改进情况进行总体描述的综合指标，第4章通过DEA-malmquist的方法测度了中部80个地级城市2001—2014年全要素生产率指数。但该指数描述的是生产效率在各年度间的环比改进情况，需要对数据进行一定处理，以得到反映当年效率状况的定比指数，本章以初始年份为基期，对数据进行处理。

5.2.2 空间计量模型的设定

由前面对中部地区80个地级市城镇化率和人均地区生产总值的空间相关性检验可知，各空间单元存在集群现象，表明各城市经济活动之间存在溢出效应。因此，需要构建空间面板数据模型，并采用适当的计量方法对模型进行估计。本章采用相较于空间误差模型（SEM）和空间滞后模型（SLM）更为广义的空间杜宾模型（SDM）。空间计量回归模型设定为：

$$\ln TFP_{it} = \rho \sum_{j=1}^{n} w_{ij} \ln TFP_{jt} + \alpha_0 + \beta_1 \ln Urb_{it} + \beta_2 \ln Gov_{it} + \beta_3 \ln Open_{it}$$
$$+ \beta_4 \ln Fin_{it} + \beta_5 \ln Inf_{it} + \beta_6 D_{ik} + \theta_1 \sum_{j=1}^{n} w_{ij} \ln Urb_{jt} + \theta_2 \sum_{j=1}^{n} w_{ij} \ln Gov_{jt}$$
$$+ \theta_3 \sum_{j=1}^{n} w_{ij} \ln Open_{jt} + \theta_4 \sum_{j=1}^{n} w_{ij} \ln Fin_{jt} + \theta_5 \sum_{j=1}^{n} w_{ij} \ln Inf_{jt} + \mu_i + \lambda_t + \varepsilon_{it}$$

(5-15)

其中，$\ln tfp_{it}$ 为城市 i 在 t 时刻经济效率，$\ln Urb_{it}$、$\ln Inf_{it}$、$\ln Gov_{it}$、$\ln Open_{it}$、$\ln Fin_{it}$ 为区域 i 在 t 时刻影响地区经济增长的控制变量观测值，$\sum w_{ij} \ln TFP_{jt}$ 表示被解释变量的空间滞后项，$\sum w_{it} \ln Urb_{jt}$、$\sum w_{it} \ln Inf_{jt}$、$\sum w_{it} \ln Gov_{jt}$、$\sum w_{it} \ln Open_{jt}$、$\sum w_{it} \ln Fin_{jt}$ 分别表示各解释变量的空间滞后项，α_0 为常数项，β 与 θ 均表示 $k \times 1$ 维参数向量，D_{ik} 取值为 0 或 1，表示省际虚拟变量，w 为空间权重矩阵，μ_i、λ_t 分别表示区域 i 的个体效应和时间效应，ρ 为被解释变量空间滞后项回归系数。

5.3 城镇化对经济效率的空间溢出效应分析

5.3.1 空间相关性检验结果分析

对样本期内，中部地区各地级市城镇化及经济效率水平的空间相关性进行检验是本章展开空间溢出效应分析的基础，如表 5-1 分别列出了中部地区 80 个地级城市人均 GDP、全要素生产率、城镇化发展的 Moran 指数值，结果表明，2001—2014 年相关变量的全局 Morans'I 指数的 Z 统计量在 5% 水平下显著不为零，这说明中部地区各城市的经济发展与城镇化发展均存在显著的空间依赖性和异质性，经济活动在考察期间具有显著的空间自相关性，城镇化发展的空间分布不是随机状态，具有空间集聚的特征。

第5章 中部地区城镇化对经济效率的空间溢出效应分析

表5-1 人均GDP、城镇化率的Morans'I指数

年份	人均GDP		城镇化（Urb）	
	邻接权重W1	经济空间权重W2	邻接权重W1	经济空间权重W2
2001	0.257***	0.309***	0.141**	0.214***
2002	0.222***	0.278***	0.16***	0.245***
2003	0.274***	0.328***	0.123**	0.251***
2004	0.25***	0.27***	0.119**	0.268***
2005	0.331***	0.359***	0.179***	0.278***
2006	0.322***	0.33***	0.148***	0.26***
2007	0.335***	0.362***	0.205***	0.243***
2008	0.375***	0.372	0.22***	0.244***
2009	0.368***	0.363***	0.219***	0.243***
2010	0.373***	0.376***	0.222***	0.262***
2011	0.374***	0.374***	0.17***	0.228***
2012	0.372***	0.366***	0.17***	0.2***
2013	0.303***	0.365***	0.154***	0.198***
2014	0.334***	0.337***	0.15***	0.19***

资料来源：《中国城市统计年鉴》整理后通过Stata 12.0软件处理得到。

对比两种空间权重矩阵下的Moran指数发现，经济空间权重下各变量的数值普遍大于邻接空间权重，这一结果表明，相比地理因素的影响，经济因素对经济活动的空间相关性起到了越来越重要的影响，这一结论也进一步证实了中部地区地级城市之间经济活动存在空间交互作用（见图5-1~图5-3）。

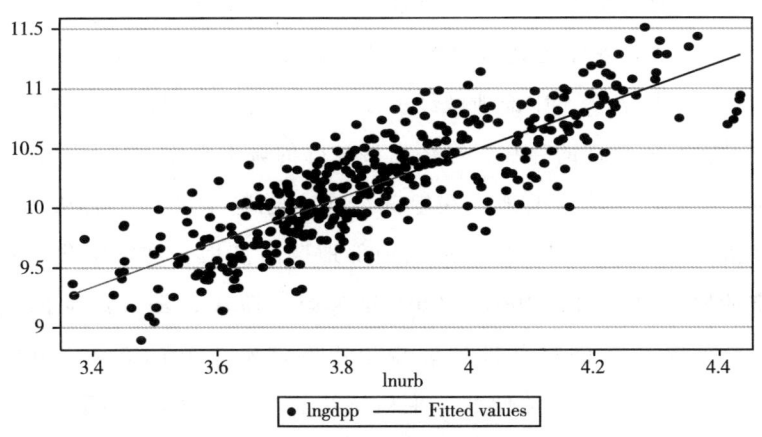

图5-1 城镇化率与人均GDP散点图

资料来源：《中国城市统计年鉴》、各省统计年鉴数据，采用统计软件绘制得到。

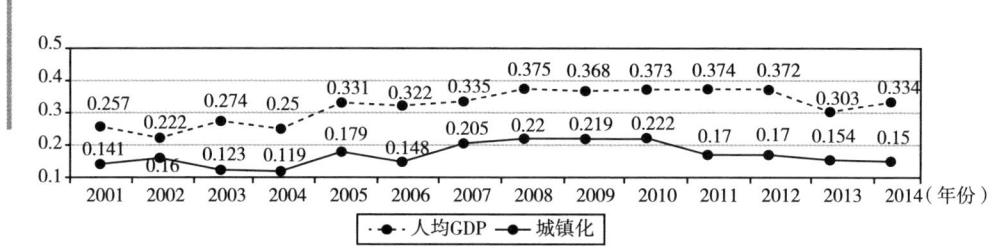

图 5-2　邻接空间权重下人均 GDP 与城镇化发展的 Moran 指数趋势图

资料来源：《中国城市统计年鉴》、各省统计年鉴及本书城镇化指数数据整理得到。

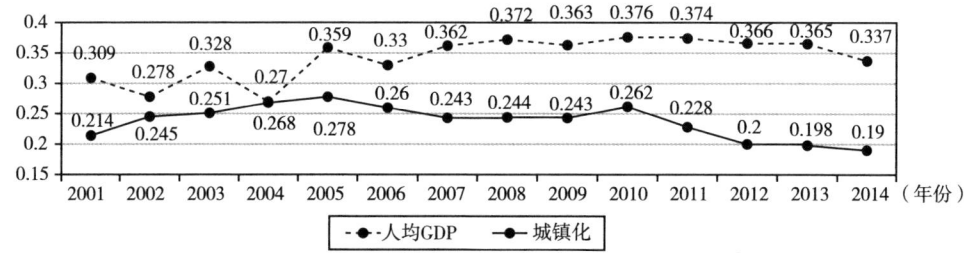

图 5-3　经济空间权重下人均 GDP 与城镇化发展的 Moran 指数趋势

资料来源：《中国城市统计年鉴》、各省统计年鉴及本书城镇化指数数据整理得到。

图 5-4 和图 5-5 是给定年份中部地区 80 个地级城市经济增长和城镇化发展的空间 Moran 指数散点图，2001 年、2005 年、2009 年、2014 年中部地区地级城市人均 GDP 的 Moran'I 指数分别为 0.257、0.331、0.368、0.334，其 Z 值均在 1% 的显著性水平上通过检验。且大部分城市点都集中在第一象限和第三象限。这一结果表明，中部地区经济活动在空间上表现出显著的空间正相关性，证实了空间依赖性的存在。经济发展较好的城市在空间上表现出了集聚特征，同时，经济较为落后的地区在空间分布上也趋于邻近。而从 Moran 指数趋势图和散点图对比可知，样本期间中部地区经济增长和城镇化发展均表现出了一定的阶段性特征，2001—2005 年为第一阶段，经济活动的空间相关性与城镇化水平的空间相关性均表现出小幅波动上升的态势。2005—2010 年为第二阶段，其空间相关性处于平稳持续的状态。2010 年后出现了小幅下降的趋势。

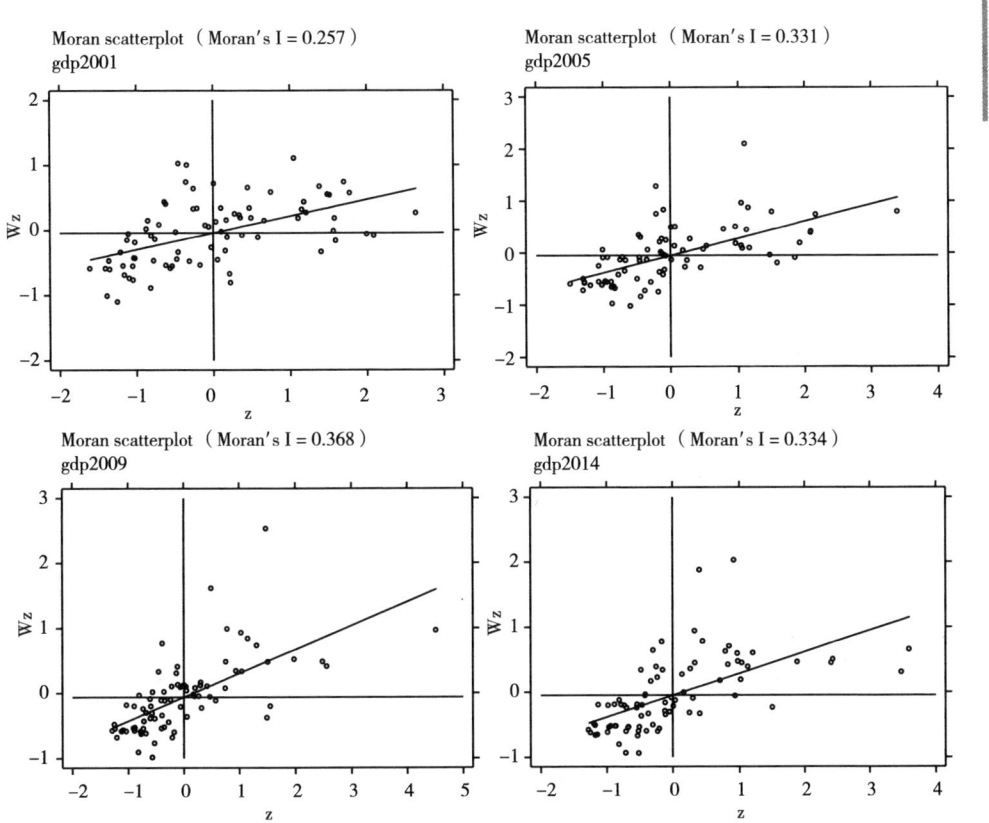

图 5-4 给定年份人均 GDP 的 Moran'I 散点图

资料来源：城镇化指数数据，采用 Stata 计量软件绘制得到。

通过莫兰指数检验及散点图分析发现，中部地区地级市经济活动存在不同程度的空间相关性，城镇化及经济发展呈现出一定的集聚特征。具体而言，城镇化水平较高，经济增长较快的城市倾向于与其他城镇化水平高、经济增长快的城市相邻近，而城镇化水平较低，经济增长较慢的城市倾向于与其他城镇化水平低、经济增长慢的城市相邻近。因此，本章证实了城镇化发展空间相关性的存在，建立在空间独立假定下的传统计量回归模型存在一定的不足，需要选取合适的空间计量模型进行估计。

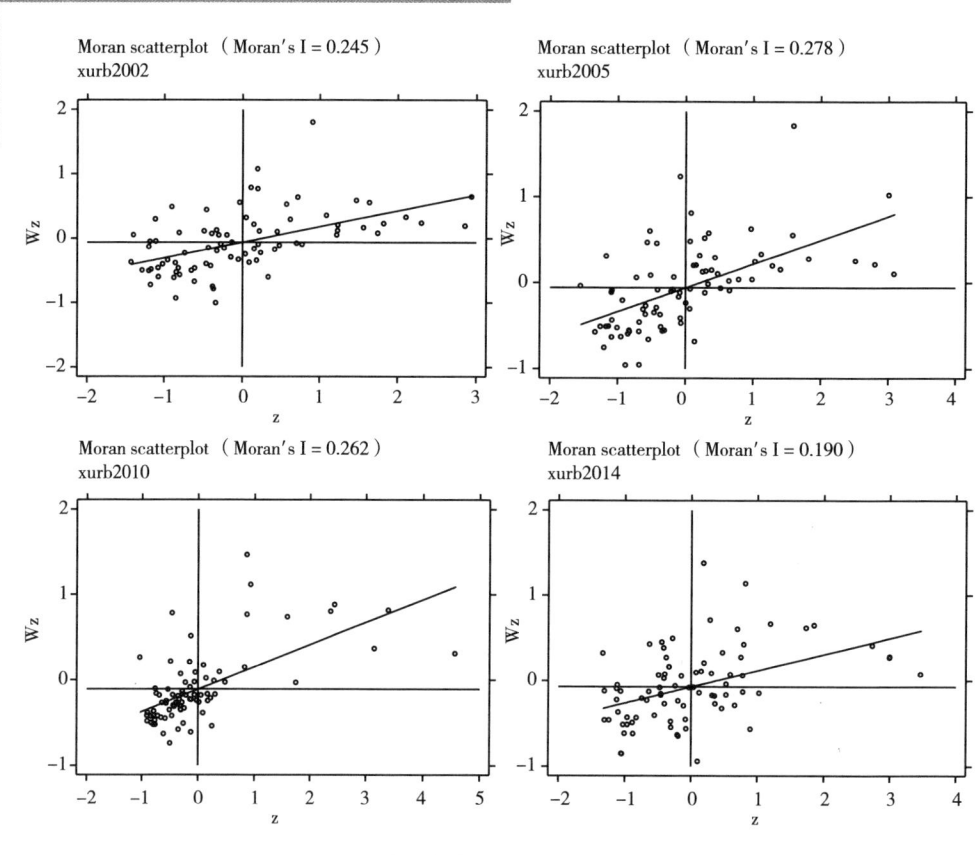

图 5-5 城镇化综合发展指数 Moran'I 散点图

资料来源：城镇化指数数据，采用 Stata 计量软件绘制得到。

5.3.2 数据的平稳性检验

面板数据实际上是时间序列和横截面数据的混合形式，可能存在由于时间序列上的非平稳性导致模型产生"伪回归"。因此，为了确保估计结果的有效性，避免"伪回归"，需要对面板数据进行平稳性检验，检验数据平稳性最常用的方法是单位根检验。本章采用 Levin – Lin – Chu（LLC）相同单位根检验和 Fisher – ADF 不同单位根检验对面板数据的平稳性进行检验，如果两种检验均拒绝存在单位根的原假设，我们认为数据是平稳的，反之则不平稳。由表 5-2 可知，各变量在 5% 的显著性水平下拒绝原假设，均为平稳序列。

表 5-2　　　　　　　　　　　变量单位根检验结果

		lntfp	lnUrb	lnGov	lnInf	lnFin	lnOpen
LLC 检验	t-value	-11.589	-9.525	-15.947	-13.650	-20.141	-17.370
	p>t	0.0003	0.0318	0.0000	0.0000	0.0000	0.0000
Fisher-ADF 检验	P-Statistic	198.8796	372.5963	317.9850	205.6767	289.2848	204.5581
	P-value	0.0199	0.0000	0.0000	0.0086	0.0000	0.0100

资料来源：各指标数据采用统计软件绘制得到。

5.3.3 城镇化对经济效率的空间溢出效应分析

（1）空间计量模型的选择。

普通计量回归结果如表 5-3 所示，城镇化对经济增长的回归结果均显著为正，采用 LM 检验和 Hausman 检验对模型进行选择：首先，对模型进行个体效应检验，Anselin 等（1996）开创性地提出了 LM 检验（Lagrange Multiplier Tests）如何在空间滞后模型（Spatial Lag Model or Spatial Auto Regression Model，SAR）和空间误差模型（Spatial Error Model，SEM）之间进行选择。对空间面板 SAR 和 SEM 的检验时，模型控制了残差空间自相关性，在 SEM 模型中检验统计量较为显著，表明模型能较好地对问题进行分析。然而，检验结果表明仍存在残差自相关。根据 Elhorst（2010a），此时选择更具普遍形式的 SDM 进行估计更优。而采用 Breusch 和 Pagan（1980）提供的 LM 检验，当检验结果强烈拒绝"不存在个体随机效应"时，即"$H_0: \sigma^2\mu = 0$"的原假设，认为在"随机效应"与"混合回归"两者之间，选择"随机效应"更优。其次，采用豪斯曼检验对于使用固定效应还是随机效应进行选择，p 值在 1% 的显著性水平下拒绝原假设"$H_0: u_i$ 与 x_{it} 不相关"认为应该使用固定效应模型，而非随机效应模型，综合两种检验结果，固定效应模型相对更优。

表 5-3　　　　　　　　　　　普通计量回归结果

变量名称	混合回归	固定效应	随机效应	面板 SAR		面板 SEM	
				W_1	W_2	W_1	W_2
lnUrb	0.2954***	0.2614***	0.2798***	-0.0762***	0.1489***	0.1752***	0.1145***
lnGov	0.1183***	0.0816***	0.0960***	0.1053***	0.0588***	0.0952***	0.0609***

续表

变量名称	混合回归	固定效应	随机效应	面板 SAR		面板 SEM	
				W_1	W_2	W_1	W_2
lnOpen	-0.0112	0.0175 **	0.0114	0.0037	0.0130 *	-0.0010	-0.0161
lnInf	-0.1496 ***	-0.0736 ***	0.0878 ***	-0.2212 ***	-0.0670 ***	-0.2332 ***	0.2842 **
lnFin	-0.0716 ***	0.0568 ***	0.0190	0.0082	0.0231	0.0182	-0.0323
_cons	-1.6251 ***	-2.2432 ***	-2.1382 ***	0.4709 ***	0.5054 ***	0.5018 ***	0.5038 ***
R-squared	0.5400	0.7958	0.7944	0.7998	0.8198	0.8121	0.8213
F test		23.85 (0.0000)					
rho	0.8250	0.9013	0.8100	0.2894 ***	0.4636 ***	0.2891 ***	0.3049 ***
Wald			2476.35 (0.0000)				
Log-likelihood				551.3201	1263.1736	543.2722	1093.8965
LM 检验	1634.16 (0.0000)						
Hausman 检验	47.41 (0.0000)						

注：(1) 括号内数值为系数的 t 统计量或 z 统计量，F 检验、Wald 检验豪斯曼检验括号内为概率 P 值；(2) ***、**、* 分别表示在1%、5%、10%显著性水平下通过检验。

在邻接权重和经济空间权重下，空间误差模型（SEM）和空间滞后模型（SLM）的 LM 检验均在5%以下的显著性水平上拒绝原假设，即模型中既存在空间误差项也存在空间滞后项，表明采用空间杜宾模型（SDM）是恰当的。通过对回归结果进行 Hausman 检验，在1%的显著性水平下拒绝原假设，说明模型采用固定效应更优。接下来在空间 Durbin 的固定效应模型下，将各解释变量对经济增长的空间溢出效应进行分解（见表5-4），由于篇幅所限，同时考虑到设置虚拟变量的目的在于控制省际差异因素，重点对其他解释变量进行考察，因此，虚拟变量的回归结果没有在书中呈现，但从回归结果来看，大部分虚拟变量均较为显著，证实了省级市场分割的存在，省级行政边界的存在阻碍了区域间要素的吸纳效应和扩散效应，这与 Young（2000），许政、陈钊等（2010），Poncet（2005）等人的研究相吻合。计量结果表明，城镇化发展对地区经济效率改善有重要影响，且地区之间存在空间交互作用，地区经济效率水平还会受到其他地区城镇化发展水平的影响。一般而言，空间滞后项系数反映的是变量在空间上的相关关系，也可以用来解释其他地区城镇化发展对本地区经济效率的加权影响。由表5-5，相关解释变量的系数大部分在统计上都较为显著，表明中部地区各地级城市经济活动之间具有较强的传染性。Xurb 的系数显著为正表明在样本期间，城镇化发展对经济效率起到了正向促进作用。在邻接空间权重和经济空间权重下系数分别为 0.2380 和 0.2609。然而，城镇化的空间滞后项回归系数却显著为负。这一结果表明，在经验直觉上我们期望城镇化发展在促进本地区经济效率改善的同时，也有助于周边地区经济效率水平的提高，能够实现城镇化与经济社会的地区联动发展，而计量结果显示，城镇化促进了本地区经济效率的改善，但并没有如我们所设想的一样，在积极的空间交互影响下，对周边地区产生正的外部性。相比其他控制变量，经济开放程度对经济效率的影响在统计上不显著，对经济效率改善的作用尚未显现，其根源可能在于，一方面中部地区利用外资水平整体规模较小，另一方面外资多投向了省会城市。

表5-4 空间计量回归结果

	邻接空间权重（W1）		经济空间权重（W2）	
	SDM_fe	SDM_re	SDM_fe	SDM_re
lnUrb	0.2380 ***	0.1253 ***	0.2609 ***	0.2675 ***
lnGov	0.0395 ***	0.0319 ***	0.0803 ***	0.0891
lnOpen	0.0024 **	0.0099	0.0178	0.0145
lnInf	-0.1587 ***	-0.1808 ***	0.0699 ***	0.0786 **
lnFin	0.05392 ***	0.0204 **	0.0612	0.0397
_cons		-0.3624		-2.2094 ***
wlnUrb	-0.0763 ***	-0.0673 ***	-0.2039 ***	0.0359 ***
wlnGov	-0.01237 ***	0.0132 ***	0.1481 ***	0.0343 **
wlnOpen	-0.0038 **	-0.0146 ***	-0.0066	-0.9648
wlnInf	0.0457	-0.0120	-0.1117	-0.5113
wlnFin	-0.0092 ***	0.0738 ***	0.1340 **	0.0399
R-squared	0.7016	0.6510	0.8005	0.7998
Log likelihood	854.2828	568.8957	1241.6231	1419.7285
Spatial rho	0.2906 ***	0.2912 ***	0.2486 ***	0.4418 ***
Hausman 检验	161.63 (0.0000)		141.14 (0.0000)	

注：(1) 括号内数值为系数的 z 统计量或 P 值；(2) ***、**、* 分别表示在1%、5%、10% 显著性水平下通过检验。

表 5-5　　　　　　　　空间杜宾模型（SDM）的效应分解

效应分解	变量	直接溢出效应	间接溢出效应	总溢出效应
邻接权重矩阵（W_1）	lnUrb	0.2440***	0.0323	0.2763***
	lnGov	0.0417***	0.0063	0.0481***
	lnOpen	0.0061***	0.0187	0.0248**
	lnInf	-0.0862***	0.1210*	0.0348
	lnFin	0.0510***	-0.0367	0.0143***
经济空间权重矩阵（W2）	lnUrb	0.2612***	0.0160	0.2772***
	lnGov	0.0863***	0.1396***	0.2258***
	lnOpen	0.0173**	-0.0305**	-0.0131
	lnInf	0.0723***	0.0880**	0.1603**
	lnFin	0.0635***	0.0047	0.0683**

注：***、**、*分别表示在1％、5％、10％显著性水平下通过检验。

（2）城镇化对经济效应的溢出效应分析。

实证结果表明，在两种空间权重下，城镇化的直接效应均显著为正，表明城镇化对经济效率存在显著的区域内溢出，值得注意的是，与邻接权重相比，经济空间权重下城镇化对经济效率的溢出效应水平偏高，根据地理学第一定律，距离较近的事物比距离较远的事物联系更为紧密，而任何事物与周围事物又都存在一定联系，因此，经济空间权重对空间关系的刻画与实际更为符合。在邻接权重下，城镇化水平每提高1％，直接带动区域内经济效率改善0.2440％，总体带动经济效率0.2763％，在经济空间权重下，直接改善区域内经济效率0.2612％，总体带动0.2772％，表明地区城镇化发展对改善整体经济效率具有显著作用，需要指出的是，地区在推进城镇化进程中，对周围地区各种生产要素产生较强的"虹吸效应"①，本地城镇化发展对其他地区经济效率改善的"溢出效应"相对不足。城镇化战略的实施，有利于优化经济结构，改善公共资源的使用效率，促进经济增长及效率提高。城镇化对经济效率产生着错综复杂的影响，当前，如何提高经济增长的质量是维系经济持续健康发展的必然选择，城镇化被认为是中国经济结构调整与转型发展的最大动力，也是经济效率改善的突破口。事实上，国家

---

① 虹吸效应指主体的一项活动引起其他利益相关者利益被侵蚀的现象。

在战略和政策层面已经采取了一系列以城镇化促进经济社会结构调整的措施,对经济效率的改善效果也已初步显现。

控制变量的空间溢出效应分析:政府支出占 GDP 比重每提高 1 个百分点,对经济效率的溢出效应在 10% 的水平下通过显著性检验,在两种空间权重下分别带动经济效率 0.0417% 和 0.0863%,政府支出对经济效率的拉动作用不明显,其主要原因在于,长期以来各地政府行政管理费用过高、竞争性领域过多介入、转移支付制度不完善等问题较突出,财政支出结构亟须优化,而政府过多涉足竞争性领域,对私人投资具有一定"挤出效应",损害市场效率,扭曲了市场对资源的配置功能,不利于经济效率改善(Barro,2000;Clarke,1995;Partridge,1997),此外,政府支出本身的低效率、腐败等"寻租"行为也是效率低下的重要原因。

经济开放度采用地区实际利用外资额占 GDP 比重来衡量。回归结果表明,在邻接空间权重下,地区经济开放度每提高 1 个百分点,本地区经济效率改善 0.0061 个百分点,间接推动周边地区经济效率改善 0.0187 个百分点,总体带来经济效率改善 0.0248 个百分点。而在经济空间权重下,地区经济开放度每提高 1 个百分点,本地区经济效率改善 0.0173 个百分点,间接降低周边地区经济效率 0.0305 个百分点,总体带来经济效率下降 0.0131 个百分点。在两种空间权重下,经济开放度对本地区经济效率改善的溢出效应均偏弱,在经济空间权重下,对其他地区的溢出效应为负的 0.0305 个百分点,主要原因在于,长期以来,各地政府将招商引资作为政绩考核的一部分,恶性竞争,提出"攀比"性的土地出让、税收优惠等政策,融资成本、交易费用过高,而外资利用效率却普遍偏低,此外,中部地区利用外资额相对东部沿海地区规模较小,且多集中于"大城市",进而也可能导致在进行计量模型回归时总体表现的弱化,对地区经济效率改善作用不明显。

基础设施建设水平,本章选取人均拥有道路面积作为替代变量,来考察基础设施对改善经济效率的影响,从实证结果看,各模型中该变量的系数多数为负。基础设施投入中,交通基础设施的增加可以降低运输成本,加快要素流动,进而推动经济效率的提高。中部地区基础设施建设规模相对较小,未来一段时期中部各地将加大基础设施投资，例如，加快内部交通网络建设，扩大区域物流规模（赵泉午，2012），促进区域内生产要素流动，还要加大力度构建中部与东西部地区交通链接，为更好地发挥中部地区承东启西、贯南连北的区位优势，承接东部地区产业转移，培育区域经济增长极，提高经济活动在空间上的集聚水平，改善经济要素的配置效率，提供便捷高效的交通网络支撑和优良的投资环境。

金融发展采用金融机构资金运用水平来描述，回归结果表明，金融发展对本地区经济效率改善具有显著的正向溢出，在邻接权重下，人均金融机构资金使用额每提高1个百分点，直接带来本地区经济效率改善0.0510个百分点，但却带来周边地区经济效率水平下降0.0367个百分点，总体改善经济效率0.0143个百分点。在经济空间权重下，人均金融机构资金使用额每提高1个百分点，直接带来本地区经济效率改善0.0635个百分点，带来周边地区经济效率水平改善0.0047个百分点，总体改善经济效率0.0683个百分点。回归结果表明，金融作为现代经济的核心，对改善经济效率具有重要意义，当前中部地区金融发展相对滞后，对经济效率的促进作用尚有限，推动作用没有充分显现。经济发展过程中基础设施、产业投资、消费升级、公共服务、社会保障等方面都产生大量的资金需求，从回归结果来看，当前中部地区金融服务对经济的支撑作用相对不足，是由于中部地区经济发展资金缺口较大，而资金多集中在"大城市"，如省会城市，多流向国企及房地产、制造业等行业，从而造成资金使用效率偏低，金融服务对经济效率改革作用不足。

5.4 城镇化对经济效率的动态空间效应检验及收敛性分析

前面对中部地区地级城市经济效率与城镇化的静态空间效应加以分析，结果表明，地级城市经济效率的提升过程并非孤立的系统，存在空间相关性，对城镇化、经济开放、金融市场发展、基础设施建设、政府作用等因素因空间相关性而形成的内生影响进行了识别。但未对因变量的滞后效应以及空间交互影响加以控制。静态分析无法对经济效率提升的长期机制进行识别，为了进一步分析城市经济效率变化与城镇化发展之间的均衡关系，本节将在检验模型中引入因变量滞后项和空间加权因变量滞后项，对经济效率的动态变动进行考察，并与前面结论进行对比分析。利用动态空间面板模型在一定程度上克服了静态空间面板模型的内生性问题，揭示因变量内生交互影响下的长期效应。最后，在动态空间计量模型中对经济效率进行差分化处理，考察地区经济效率的收敛性问题。

5.4.1 城镇化对经济效率的动态空间效应分析

传统经济理论对于增长的长短期问题的讨论从未中断，实际上，我们更为强调对经济增长过程中长期均衡状态的检验（Mankiw et al., 1992; Barro and Sala Martin, 1995; Islam, 1995）。现有文献对经济长期增长问题的研究更多地表现在分析技术和手段上的差异：第一种是通过协整分析，第二种是对模型进行动态化处理来实现。协整分析是对变量间是否存在长期均衡效应进行识别的重要手段（Pedroni, 1999, 2000; Granger, 1981），该方法在实践中大量被采用，但其主要适用于时间序列数据。而模型动态化处理方法的合理性和科学性越来越多地被学者们认可和接受，该方法最大的难点在于对动态面板模型参数的估计技术实现。当因变量的滞后期被引入模型中，会导致自变量与随机扰动项相关，进而产生模型的内生性问题。Arellano、Bond、Bover 和 Blundell 等人提出了广义矩估计方法（GMM estimation）。其中，Arrelano 和 Bond（1991）对 GMM 方法的构建，Han 和 Phillips（2010）对固定效应 GMM 动态面板估计进一步扩展，提供了研究者对经济系统内生性问题进行控制的（尤其是出于控制因变量内生性的考虑）切实可行的途径，其主要特征在于将承认经济活动的系统性和动态性。纵观现有文献，学者们对于不同变量对经济增长的长短期影响效应展开了丰富而深入的讨论，但城镇化对经济效率的长期效应进行的识别，尤其是基于空间视角的长期溢出效应分析目前尚未在现有文献中找到。

（1）动态空间面板模型构建。

一般而言，从空间维度考察面板数据的相关性，为空间静态面板模型；从时间维度考察面板数据的相关性,则为动态面板模型。传统动态面板模型与空间静态面板模型,分别是从时间或空间单一维度考察面板数据的相关性问题,在现有研究文献中,同时考虑面板数据时间维度和空间维度相关性的实证检验较少(Elhorst,2005,2010;Yu et al.,2008;杨继生,2009;李婧等,2010;Lee and Yu,2010a,2010b;胡军、郭峰等,2013)。本节将同时从时间和空间两个维度对城镇化促进经济效率改善的长期效应加以论证。在修正了传统经济增长分析中忽视空间因素造成的分析偏差的基础上,通过引入时间滞后项考察因变量的时间交互影响效应。与静态空间面板模型相比较,动态空间面板模型的优点在于:一方面考察了经济效率的动态效应和空间溢出效应;另一方面避免了模型的内生性问题,在一定程度上提高了模型的估计结果的准确性和可靠性。前面我们通过静态 SAR、SEM 和 SDM 空间模型,对空间概念下城市之间城镇化及经济发展的空间相关进行了描述,通过设置因变量的空间滞后项(WY_t)和自变量的空间交互项(WX_t)解释各城市单元的空间内生性问题,然而该静态空间分析无法考量各城市单元自身的内生性信息,缺乏长期效应的经验解释,不利于我们在现实中制订相应的政策建议。鉴于此,本节将结合现有关于长期空间效应的识别方法以及本研究的需要,对前面经济效率空间静态模型进行扩展,引入内生交互项对空间计量模型的长期效应进行动态识别,为中部地区改善经济效率提供经验证据。一个完备的空间静态面板模型表达式为:

$$Y_t = \alpha_0 + \rho W Y_t + X_t \beta + W X_t \theta + \mu \qquad (5-16)$$

$$\mu = \lambda W \mu + \varepsilon \qquad (5-17)$$

在式 5-16 基础上引入 Y_{t-1} 和 WY_{t-1} 对因变量的滞后效应加以识别,通过引入滞后因变量及空间加权项对模型进行动态化处理,需要指出的是,根据 Elhorst(2012)"*Dynamic spatial panels:models,methods,and inferences*"对一般形式的动态面板模型进行了讨论,在这一模型中包含自变量及其交互项的滞后项、空间误差项目的滞后项等,但因其复杂性和模型设定导致该模型的参数无法识别,因此省略。

$$Y_t = \tau Y_{t-1} + \eta W Y_{t-1} + \rho W Y_t + X_t \beta + W X_t \theta + \mu + \varepsilon_t \qquad (5-18)$$

本节旨在对中部地区城镇化的长短期效应加以识别，阐释城镇化对提高城市经济效率的动态作用。由于考虑到数据的可得性，本书采用2001—2014年中部地区80个地级城市数据构建空间动态面板模型，各变量及相关说明与前面一致。数据来源于各年《中国城市统计年鉴》、中部六省各省历年统计年鉴、各市历年统计年报、中国经济与社会发展统计数据库。描述地级市之间空间关联的空间权重矩阵，依然采用前面的0-1邻接空间权重矩阵和经济空间权重矩阵两种形式。为了识别中部地区城镇化的动态溢出效应，现在基础动态空间模型式（5-18）的基础上，引入被解释变量滞后项Y_{t-1}和加权被解释变量滞后项WY_{t-1}构建城镇化对经济效率的动态模型。

$$\ln TFP_{it} = \tau \ln TFP_{it-1} + \eta \sum_{j=1}^{n} w_{ij} \ln TFP_{jt-1} + \rho \sum_{j=1}^{n} w_{ij} \ln TFP_{jt} + \alpha_0 + \beta_1 \ln Urb_{it}$$
$$+ \beta_2 \ln Gov_{it} + \beta_3 \ln Open_{it} + \beta_4 \ln Fin_{it} + \beta_5 \ln Inf_{it} + \beta_6 D_{ik}$$
$$+ \theta_1 \sum_{j=1}^{n} w_{ij} \ln Urb_{jt} + \theta_2 \sum_{j=1}^{n} w_{ij} \ln Gov_{jt} + \theta_3 \sum_{j=1}^{n} w_{ij} \ln Open_{jt}$$
$$+ \theta_4 \sum_{j=1}^{n} w_{ij} \ln Fin_{jt} + \theta_5 \sum_{j=1}^{n} w_{ij} \ln Inf_{jt} + \mu_i + \lambda_t + \varepsilon_{it} \quad (5-19)$$

其中，城市经济效率（TFP）与城镇化发展水平（Urb）、政府作用（Gov）、市场开放程度（Open）、金融市场发展水平（Fin）、基础设施建设水平（Inf）有关，同时，存在一定的路径依赖，即受到自身经济效率滞后项（TFP_{t-1}）以及其他城市经济效率滞后项（$WTFP_{t-1}$）的影响。接下来内容将对变量在动态空间杜宾模型进行参数估计。

（2）动态空间面板模型回归结果分析。

由回归结果可知，如表5-6和表5-7所示，对比动态与静态空间面板模型的回归结果发现，变量的系数符号和显著性水平基本相同，这表明考虑空间因素分析各自变量对经济效率改善的影响效应是合适的。需要指出的是，动态空间面板模型的空间溢出效应水平（Spatial Rho）在邻接空间权重下显著小于静态空间面板中的系数值，而在经济空间权重下显著大于静态空间面板空间溢出效应值。这表明在邻接空间关联下，静态空间面板模型高估了城镇化发展对经济效率的改善作用，而在经济空间关联下，静态空间面板模型则低估了城镇化发展对经济效率的影响。其政策启示在于，从长期来看，地理因素在地区间空间溢出效应发挥中的作用将逐渐淡化，地区之间的经济距离对空间溢出效应的影响越来越大。其主要原因在于，引入因变量的滞后项以后，将影响经济效率的潜在因素（如经济政治等环境）从空间结构因素的影响中分离出来，进而在一定程度上矫正了静态空间面板模型带来的偏差。此外，$lntfp_{t-1}$和$Wlntfp_{t-1}$显著为正，表明具有较高经济效率的地区会有较快的当期经济效率改善，而其他地区前期的经济效率水平会对本地区当期经济效率改善产生促进作用。

表 5-6　　　　　　　　　动态空间面板回归结果

变量名称	邻接空间权重		经济空间权重	
	固定效应	随机效应	固定效应	随机效应
lntfp L1	0.6751 ***	0.8806 ***	0.6335 ***	0.8863 ***
lnUrb	0.2034 ***	0.1089	0.0978	0.0213
lnGov	0.0397 **	0.0105 **	0.0277 ***	0.0123
lnOpen	0.0089	0.0053	0.0053	0.0017
lnInf	-0.0135 **	-0.0144	-0.0207	-0.0179 ***
lnFin	0.0360 **	-0.0099	0.0071 ***	-0.0119 **
_cons		0.0446		-0.0296
wlntfp L1	0.0758 *	0.0821 *	0.0266 *	0.0254
wlnUrb	-0.0516 **	0.0021	0.1380 ***	0.5143 **
wlnGov	0.0136 **	-0.0005	2.5547	0.3077
wlnOpen	0.0013	-0.0028 *	-0.6828	-0.2885
wlnInf	0.0180 **	0.0040	-0.1340 **	-0.2399
wlnFin	-0.0116 *	-0.0023	0.8005	0.5930
R-squared	0.8707	0.8596	0.8722	0.8596
Log likelihood	854.2828	1408.0957	1419.7285	1303.2829
Spatial rho	0.0563 ***	0.0127604 **	0.9378 ***	0.8075 ***
Hausman 检验	161.63 (0.0000)		227.56 (0.0000)	

注：(1) 括号内数值为系数的 z 统计量或 P 值；(2) ***、**、* 分别表示在1%、5%、10%显著性水平下通过检验。

表 5-7 动态空间面板空间溢出效应分解

效应分解	变量	直接效应	间接效应	总效应
邻接权重矩阵 (W_1)	lnUrb	0.1958***	-0.2672*	-0.0714***
	lnGov	0.0452**	0.1012**	0.1464***
	lnOpen	0.0093	0.0096	0.0189
	lnInf	-0.0047	0.1128	0.1082*
	lnFin	0.0349*	-0.0624**	-0.0275**
经济空间权重矩阵 (W_2)	lnUrb	0.0991***	0.0120	0.1110***
	lnGov	0.0313*	0.0805***	0.1118***
	lnOpen	0.0043**	-0.0219**	-0.0176**
	lnInf	-0.0190**	-0.0445**	-0.0635*
	lnFin	0.0061	-0.0410	-0.0350

注：***、**、*分别表示在1%、5%、10%显著性水平下通过检验。

本节在前面研究基础上，将静态面板模型进行动态化处理，引入因变量的滞后项 Y_{t-1} 和空间加权因变量滞后项 WY_{t-1} 而带来的内生交互影响。其经济意义在于反映了现有的经济效率水平对未来经济效率产生的影响，揭示了经济发展自身的内生性问题。对比动态空间面板模型和静态空间面板模型的估计结果，引入因变量的时间滞后项后城镇化对经济效率的空间溢出效应显著变小。模型的动态化处理导致基础设施变量的回归系数由正变为负。

5.4.2 城镇化对经济效率的条件收敛性分析

经济的收敛性问题作为新古典经济学中的重要内容，是我们研究地区经济增长的重要论题。近年来，围绕中国经济收敛性分析较多，也引起了广泛的争论，其主要原因在于样本的选择以及分析方法的差异（郝睿，2006；刘夏明，2004；沈坤荣，2002）。我国东、中、西部地区经济发展成梯度递减空间格局的地理分布是我们在研究中国经济问题时不能忽略的特征事实（张学良，2009）。伴随着国家中部崛起战略的推进，中部地区经济社会发展取得了巨大成就。对中部地区的经济收敛性进行专门分析是非常必要的，纵观现有文献，针对中部地区进行的收敛性分析中，大部分是将中部地区作为一个整体进行分析，缺少来自较小空间单元的经验证据。而伴随着新经济地理学的兴起，学者们越来越重视空间相关性对经济活动空间分布的影响，传统的收敛性分析忽视了各单元之间的空间相关性，其回归结果是有偏的。

对现有文献进行梳理发现，国外学者，如 Rey（1999）、López - Bazo 等（2004）、Ciuseppe Aubia（2006）、Fingleton 和 López - Bazo（2006）等人较早地考虑到了空间依赖性对经济活动的空间分布的影响，通过构建空间权重矩阵建立起各单元之间的空间联系。Ciuseppe Aubia（2006）研究指出，在考虑了空间因素后，地区经济收敛速度明显降低。而对国内相关文献进行梳理发现，对中国经济的收敛性分析的经验证据多忽视了空间相关性的重要作用，当然这些研究为我们接下来从空间视角研究地区经济增长及收敛性问题，提供了重要的理论依据（Ying，2000；林光平、龙志和，2005；张学良，2007；吴玉鸣，2007；张晓旭、冯宗宪，2008）。此外，Ying（2000），吴玉鸣（2007），汪增洋、豆建民（2009）等人的研究发现，中国经济存在空间集聚特征，在经济收敛模型中忽视空间相关性会造成模型设定的偏差，计量结果可能与实际不符。林光平、龙志和等（2005）通过建立空间计量模型，结果显示中国地区经济存在收敛性，其趋势减缓。张晓旭等（2008）研究发现，在不考虑空间相关性的情况下，中国经济不存在收敛性趋势，而考虑了空间因素的影响后，中国经济增长存在收敛现象。魏后凯（1997）沿用 Barro 和 Sala - I - Martin 分析方法，全面地研究了中国经济增长的收敛性，计算了自 1978 年以来省级产出差距 β 收敛和部门产出差距 σ 收敛性，结果表明，我国 GDP 差距大约以每年 2% 的速度收敛，并对收敛速度进行了阶段性分析。申海（1999）采用 1978—1996 年经济增长数据，分析指出中国区域经济存在比较明显的 β 收敛，而人均 GDP 收敛速度要快于人均收入的收敛速度。Chen 和 Fleisher（1996）采用部门截面数据分析了 1978—1993 年中国各省人均 GDP 存在条件收敛，收敛速度主要取决于资本系数、就业增长、人力资本投资、外国直接投资和区位条件。

总体而言，在现有中国经济的收敛性分析中，以全国数据为样本的研究较多，选取特定区域从地级城市单元层面的研究文献较少，以时间序列数据的研究较多，以面板数据的研究较少，以传统计量方法的研究较多，运用空间计量分析方法的研究较少。基于此，本节的内容将纳入空间因素，通过构建空间计量模型，对中部地区地级城市单元经济效率是否存在收敛性加以检验。

中国区域经济收敛性的实证研究相关文献如表5-8所示。

表5-8　　　　　中国区域经济收敛性的实证研究相关文献

研究者及时间	被解释变量	控制变量	样本	实证模型及估计方法	实证结论
张可、栾贵勤、刘超（2009）	人均GDP	资源禀赋、工业化、城市化	1997—2007年中部88个地级以上城市	面板数据模型、OLS回归	条件β收敛
刘生龙，张捷（2009）	人均GDP	实物资本投资、人力资本投资、基础设施、政府行为、FDI、区域虚拟变量	1985—2007年中国各省数据	SEM、SAR	条件β收敛
肖攀、李连友、苏静（2016）	经济增长质量综合评价指标体系	—	2000—2012年中国30个省数据	—	俱乐部收敛
林春（2016）	全要素生产率（TFP）	—	2000—2012年中国29个省数据	DEA – Malmquist测度TFP，GMM估计	β收敛
张学良（2009）	劳均GDP增长率	—	1993—2006年中国132各县市区	SEM、SAR，ML估计	绝对收敛成立
张晓旭等（2008）	人均GDP增长率	—	1978—2003年中国30个省市数据	SEM、ML估计	绝对收敛成立
苏良军等（2007）	人均GDP增长率	投资、出口、人口、产业结构、政府政策等	2000—2005年长三角和珠三角县级市数据	SAR	条件收敛
吴玉鸣（2006）	人均GDP增长率	人力资本、人口、政府政策、开放度等	1978—2002年中国31个省数据	SEM、ML估计	条件收敛
沈坤荣等（2006）	人均收入增长率	初始工资产值比、初始平均工资	1978—2003年中国省级数据	对数线性回归模型、OLS回归	条件收敛

续表

研究者及时间	被解释变量	控制变量	样本	实证模型及估计方法	实证结论
汪锋（2006）	人均收入增长率	劳动投入、资本投入、制度变量等	1978—2003年中国省市数据	面板数据模型IV、GMM估计	条件收敛
傅晓霞等（2006）	劳均产出、劳均资本、技术效率	—	1990—2004年中国东中西三大区域数据	半对数线性模型、OLS回归	不存在绝对收敛
赵伟等（2005）	资本增长率、TFP增长率、劳动生产率	—	1978—2002年中国26个省市自治区	对数线性模型、OLS回归、ML估计	技术收敛、劳动力和资本发散
林毅夫等（2003）	人均GDP增长率	城市化率、人口、储蓄、出口、通货膨胀等	1978—1999年中国29省级列数据	对数线性模型	条件收敛
蔡昉等（2001）	人均GDP增长率	人力资本、就业、投资、劳动生产率等	1978—1998年中国各省数据	对数线性模型、OLS回归	条件趋同

注：SAR指空间自回归模型、SEM指空间误差模型、OLS指普通最小二乘法、ML指极大似然估计，IV指工具变量法、GMM指广义矩估计。

Baumol（1986）从实证角度研究对经济增长收敛问题进行了开创性的研究，Barro和Sala-i-Martin（1991）等将索罗增长模型中影响稳态水平的投资率、人口增长率、人力资本增长率引入回归方程，建立了著名的MRW收敛性分析框架，为经济增长的收敛性理论做出了重要的贡献。此后，众多学者在MRW的框架基础上引入其他不同解释变量，分析影响经济收敛性的机制。最接近于现实中我们对收敛的直观理解的是σ收敛，它指的是各国或地区的人均收入水平差异随着时间的推移而趋于减少。一般用对数人均收入或产出的标准差（Carlino and Mills，1996）和离散系数（Bernard and Jones，1996）随时间的推移而变化的趋势来衡量。而宏观经济增长的收敛性分析多指β收敛，该形式的收敛主要表现为落后地区经济增长速度高于发达地区，最终导致落后地区的人均收入逐步赶上发达地区的增长模式。β收敛包括两种：一种是绝对β收敛，另一种是条件β收敛。其中 y_{it} 是第 i 个地区第 t 年的人均实际 GDP，α 和 β 是待估参数，X 是模型中的控制变量矩阵，ε 是随机误差项。当估计出的系数小于 0 时，实证结果就支持了绝对 β 收敛或条件 β 收敛的假设（Baumol，1986）。本节中经济效率的测度以年度为单位，即 k = 1，y_{it} 和 $y_{it}+k$ 分别表示期初和期末地区经济效率，本书中 y_{it} 以 $lntfp_{it}$ 表示，因此，Δy_{it} 表示地区经济效率增长率，λ 表示经济效率向稳态收敛的速率，λ 大于零时，值越大趋向稳态的速度越快，λ 小于零时表示地区经济效率表现为发散趋势，不存在收敛性。一般情况下，我们的收敛性分析主要是针对参数 β 展开，当 λ 大于零时，β 小于零，即经济具有收敛性，反之，则为发散性。

$$\Delta Y_{it} = lntfp_{it} - lntfp_{it-1} = \ln(tfp_{it}/tfp_{it-1}) \quad (5-20)$$

巴罗回归技术和 MRW 分析框架是收敛性检验的实证分析基础，本节着重对经济效率的条件 β 收敛进行识别。绝对 β 收敛指不对其他因素加以控制，考察经济活动的增速与其初始值之间的关系，当模型中引入控制变量时，即为条件 β 收敛。

$$(1/k) \times \ln(y_{i,t+k}/y_{i,t}) = \alpha + \beta \ln(y_{i,t}) + \varepsilon_{i,t}, \beta = -\frac{1-e^{-\lambda k}}{k} \quad (5-21)$$

$$(1/k) \times \ln(y_{i,t+k}/y_{i,t}) = \alpha + \beta_1 \ln(y_{i,t}) + \beta_2 X_{i,t} + \varepsilon_{i,t}, \beta_1 = -\frac{1-e^{-\lambda k}}{k} \quad (5-22)$$

$$\lambda = -\frac{1}{k}\ln(1+k\beta) = -\ln(1+\beta) \quad (5-23)$$

相对于方程（5-21）而言，方程（5-22）的解释变量中多了一些影响经济增长的控制变量，这些控制变量根据前面的内容，包括城镇化发展水平、政府作用、金融市场发展、经济开放程度、基础设施投资水平、省级虚拟变量。根据研究之需要，本节将只对 2001—2014 年中部地区地级城市的经济效率进行条件 β 收敛展开分析，目的在于对城镇化及其他变量对城市经济效率的影响进行识别。

各地级城市经济效率的条件 β 收敛效应，也就是探讨究竟是哪些因素影响了中部地区经济效率的收敛性问题。根据本书的研究需要，我们依然选择以下变量作为模型的解释变量:①城镇化指数(Urb);②政府作用(Gov);③基础设施投资(Inf);④经济开放程度(Open);⑤金融市场发展水平(Fin);⑥省际虚拟变量(Dummy),用于衡量各省地理位置、行政管理及市场分割情况。由基本式(5-22)得到条件β收敛下的空间计量模型:

$$\ln\left(\frac{tfp_{it+k}}{tfp_{it}}\right) = \alpha + \beta_1 \ln tfp_{it} + \theta_1 \sum_{j=1}^{n} w_{ij} \ln tfp_{it} + \varphi^M X_{it} + \sum_{m=1}^{m} \left(\delta_m \sum_{j=1}^{n} w_{ij} x_{it}\right) + \mu_{it} + \lambda_{it} + \varepsilon_{it} \quad (5-24)$$

tfp 变异性与人均 GDP 和城镇化 Moran 指数趋势如图 5-6 所示。

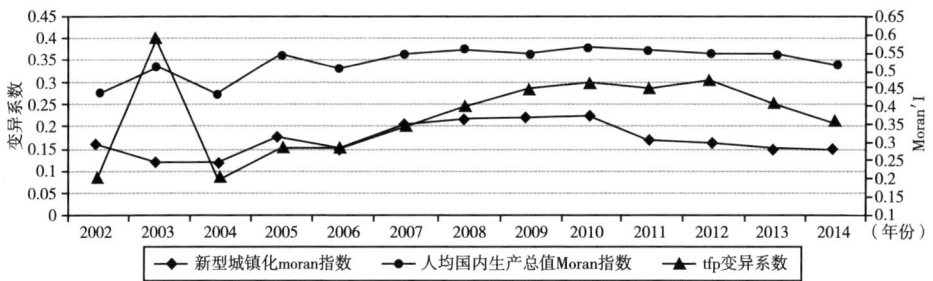

图 5-6　2002—2014 年全要素生产率变异系数与人均 GDP、城镇化 Moran 指数趋势

在空间杜宾模型的收敛性分析下可以得到,地区本身经济效率收敛效应水平以及地区之间溢出的间接收敛效应水平,为了进行对比分析,本节分别给出了空间杜宾模型固定效应和随机效应,回归结果如表 5-9 所示。

表 5-9　空间杜宾模型回归结果

	邻接空间权重(W₁)		经济空间权重(W₂)	
	SDM_FE	SDM_RE	SDM_FE	SDM_RE
Δy L1	-0.0995***	-0.1674***	-0.0445***	-0.1505***
lntfp	-0.3335***	-0.0895***	-0.4465***	-0.1032***
lnUrb	0.0066	0.0236	0.0314	0.0157*
lnGov	0.0366**	0.0082	0.0064	0.0031***
lnOpen	0.0058	0.0035	-0.0016***	-0.0019***
lnInf	0.0149	-0.0022	-0.0074	-0.0131
lnFin	0.1718	-0.1168	0.0941**	0.1642*

续表

	邻接空间权重（W₁）		经济空间权重（W₂）	
	SDM_FE	SDM_RE	SDM_FE	SDM_RE
_cons		0.7454		0.1734
wlntfp	0.0269***	0.0091*	0.2830***	0.0096***
wlnUrb	0.0227***	0.0363	-0.0339**	0.0503
wlnGov	0.0039	-0.0032	0.0999**	-0.0011
wlnOpen	0.0031	-0.0016	0.0328**	0.0238*
wlnInf	0.0082	0.0034	-0.0091	0.0125
wlnFin	0.2203***	-0.0043	-0.2304	-0.1521
Spatial rho	0.0358***	0.0322***	0.2611***	0.1943***
λ	0.0455	0.0795	0.0198	0.0708
Hausman 检验	179.93（0.0000）		215.99（0.0000）	

注：（1）括号内数值为系数的 z 统计量或 P 值；（2）***、**、* 分别表示在1%、5%、10%显著性水平下通过检验。

回归结果表明，在整个样本期内，中部地区地级城市经济效率在两种空间矩阵下，λ均大于零，经济效率总体均表现出了显著的收敛性。在邻接空间权重下，收敛系数为0.0455，在经济空间权重下，收敛系数为0.0198。采用偏微分的方法，对收敛效应进行分解得到直接收敛效应、间接收敛效应和总收敛效应值。本节的贡献之一是将空间因素纳入经济效率收敛性的分析框架中，避免了传统收敛性分析的偏误，同时，研究中纳入了空间加权因变量时间滞后项的动态分析，也成为区别于以往研究的一个重要内容（见表5-10）。

表5-10　　　　　　　　收敛性的空间溢出效应分解

	邻接空间权重（W₁）	经济空间权重（W₂）
直接收敛效应	-0.3214***	-0.436***
间接收敛效应	0.1048**	0.216***
总收敛效应	-0.2165***	-0.220***
城镇化的直接条件收敛效应	0.0115*	0.0322*
城镇化的间接条件收敛效应	0.0866**	-0.0339
城镇化的总条件收敛效应	0.0981**	-0.0018
β	-0.334	-0.447
λ	0.176	0.257

注：***、**、* 分别表示在1%、5%、10%显著性水平下通过检验。

而在对城镇化进行的条件收敛分析结果显示，在两种空间权重下，城镇化的直接收敛效应均为正，表明城镇化水平越高的地区经济效率提高的速度越快，在邻接空间权重下，城镇化的间接收敛效应和总收敛效应也为正，表明在空间交互影响下，地区城镇化发展水平越高周边地区经济效率改善的速度也会越快。在经济空间权重下，城镇化的间接收敛效应和总收敛效应均为负，表明地区城镇化水平越低的地区其对其他地区经济效率改善的速度越快，其政策启示在于，城镇化的空间交互效应有利于相邻城市实现经济效率的均衡化发展，换句话说，城镇化发展战略的推进能够缩小相邻地区间经济效率的差距。值得注意的是，城镇化的这种收敛效应在经济空间权重下存在但不显著。

5.5 本章小结

纵观本章内容，在邻接空间权重和经济空间权重两种空间关联模式下，采用空间回归偏微分方法，实证测算了城镇化水平及政府作用、经济开放程度、金融发展、基础设施建设水平等因素对城市全要素生产率的直接溢出、间接溢出以及总溢出效应。研究结论如下：

（1）在不同的空间关联模式下，中部地区各城市经济效率改善表现出显著的空间相关性，即各城市经济效率不仅与自身城镇化水平、经济开放程度、基础设施建设水平、金融市场发展情况等因素密切相关，同时受到其他城市这些因素的影响，城市间经济效率改善存在显著的"示范效应"；（2）在两种空间关联下，城镇化对城市全要素生产率的提高均表现出显著的区域内溢出，然而，城市城镇化对周边城市经济效率改善的溢出效应相对不足，说明各地区经济活动的交流与合作有待进一步加强，制定联动的城镇化发展政策；（3）除金融市场发展变量以外，在经济空间权重下，其他各影响因素对经济效率的溢出效应，相较于邻接权重下各因素对经济效率的影响表现均较强，表明地理因素对经济增长的影响正不断弱化，经济因素在空间关联中的作用越来越突出。

分析结果表明，中部地区经济效率存在显著的空间依赖性，在本地区经济效率提升的同时，对周边地区经济效率提升也会起到一定的推动作用，换句话说，地区间经济效率不断渗透，实现了区域经济效率水平的整体提高。其现实意义在于，我们提供了城市之间经济效率存在溢出效应的经验证据，为各地区政府制订经济发展战略提供了必要的理论支撑和政策启示。各地政府在统筹区域经济发展战略过程中，不仅要考虑自身经济社会发展的特点，也要考虑到周围地区经济发展对本地区经济产生的溢出效应影响。城市之间摒弃你我博弈，实现区域经济协调、合作的联动发展，实现共赢。长期以来，以乡补城、以农补工的发展模式造成了严重城乡发展处于失衡状态，城镇化发展是当前促进城乡协调发展、转变经济结构的战略举措。

在城镇化对经济效率的空间溢出效应分析的基础上，引入因变量的时间滞后项和空间加权因变量时间滞后项，对经济系统的空间动态内生性进行控制。采用2001—2014年面板数据，考察城镇化对经济效率改善的动态效应，并对动态空间模型中城镇化对经济效率是否存在条件收敛性加以检验。研究结果发现：（1）动态模型进一步证实了城镇化的空间溢出效应的存在，中部地区经济发展具有显著的空间关联性，城市间的联动发展机制应当纳入城市发展规划中。（2）中部地区经济效率在控制城镇化以及空间交互影响下存在条件收敛性，同时，城镇化的初始水平与经济效率的改善之间存在收敛特征，即初始城镇化水平低的城市其经济效率的改善速度更快。

第6章

结论与对策建议

6.1 主要研究工作与结论

城镇化这一中国式命题,是对我国传统城镇化模式的合理修正和全面优化,是我国现代化建设的大战略和历史性任务,是我国经济发展方式转变的重心所在,是扩大内需的最大潜力,是推动经济持续健康发展的"火车头",是全面建成小康社会和从经济大国向经济强国迈进的"王牌"引擎。重新认识新发展阶段城镇化的战略意义,明确城镇化发展的改革任务,妥善解决城镇化过程中出现的各种难题,努力提高城镇化的质量,促进城镇化和经济社会的健康发展,是我国当前面临的重要课题。本书以城镇化促进地区经济效率改善为科学命题,沿着"基本理论与文献梳理→现状分析→城镇化与经济效率水平测度及空间格局分析→城镇化对经济效率的空间溢出效应→动态空间面板模型→经济效率的收敛性分析"的基本路径展开系统分析。

与以往研究城镇化与经济增长关系的相关文献不同,本书基于对城镇化发展基本理论深化研究的客观要求,以及当前国家经济社会结构转型发展的现实需要,从城镇化的科学内涵出发,深入分析城镇化与地区经济效率之间的逻辑关系及作用机理,实证检验了城镇化对地区经济效率改善的时间与空间溢出效应。具体而言,本书利用中部地区80个地级城市2001—2014年数据,首先,构建包含人口城镇化、产业城镇化、生态环境可持续化、公共服务城镇化、城乡一体化等层面内容的中部地区城镇化评价指标体系，采用熵值法测度了中部地区各地级城市城镇化综合发展指数，此外，为了考察中部地区经济效率水平，采用 DEA – Malmquist 指数方法对各地级城市的全要素生产率（TFP）进行测度，对其动态演进及空间分布格局进行分析。并对全要素生产率分解得到技术效率变动指数、技术变化指数（技术进步率）、纯技术效率变动指数、规模效率变动指数。对中部地区 80 个地级市城镇化发展及经济发展的空间相关性检验可知，中部地区城镇化发展与经济增长存在显著的空间相关性，城市单元存在显著的空间集聚现象，进而我们对各城市经济活动之间的溢出效应进行检验。在邻接权重和经济空间权重两种空间关联模式下，采用空间回归偏微分方法，实证测算城镇化水平以及政府作用、经济开放程度、金融发展、基础设施建设水平等因素对城市全要素生产率的直接溢出、间接溢出以及总溢出效应。我们在城镇化对经济效率的空间溢出效应分析的基础上，引入因变量的时间滞后项和空间加权因变量时间滞后项，对经济系统的空间动态内生性进行控制，考察城镇化对经济效率改善的长期动态效应，并在动态空间模型下对城镇化对经济效率的条件收敛性加以识别。具体研究结论如下：

（1）中部地区城镇化发展水平稳步提升，经济效率逐步改善。

城镇化发展方式逐步由传统的政府推动、被动的人口城镇化和土地城镇化，向民生型和生态环境节约型城镇化转变。伴随着中部地区经济社会的发展，城镇化进入了加速发展期，以省会城市和中部四大城市群为中心的城镇化发展空间格局逐步形成。城镇空间集聚水平提高，城市功能不断完善，公共服务能力不断增强，城市群成为城镇化发展的重要形态。但当前中部地区城镇化发展过程中的问题仍旧突出。中部地区经济社会底子薄、基础差，农业人口众多、"三农"问题突出，城镇化发展水平总体偏低，区域内差异明显。城市规模整体偏小，"中坚力量"不足，没有形成稳定的"金字塔"结构，城市体系不完善。人口城镇化滞后于土地城镇化，2000—2014 年，中部城市建成区面积年均增长率超过 6%，速度远超过人口城镇化的增速，土地无序扩张，人口城镇化与土地城镇化失衡问题日益严重。城市群发展不足，中心城市辐射带动作用不强。中部地区城市群发展缓慢与其中心城市实力偏弱、功能不强，对周边地区辐射带动能力不足有密切关系。产业结构不合理、产业支撑力不足,目前整体规模有限,水平也不高,制造业内部的结构优化问题突出。产业集聚度不高,创新能力不足,生态环境承载力较弱。

(2) 中部地区城镇化发展与经济增长存在显著的空间集聚特征和空间相关性。

通过分析中部地区城镇化与经济活动的空间分布,表明中部地区城镇化与经济增长存在显著的空间集聚和空间相关性。在不同的空间关联模式下,我们进一步对城镇化的空间溢出效应进行分解,也证实了这种空间关联的存在。城镇化的空间溢出效应均具有较好的显著性水平,城镇化对经济效率的改善具有显著的促进作用。即各城市经济效率不仅与自身城镇化水平、经济开放程度、基础设施建设水平、金融市场发展情况等因素密切相关,同时受到其他城市这些因素的影响,城市间经济效率改善存在显著的"示范效应"。在两种空间关联下,城镇化对城市全要素生产率的提高均表现出显著的区域内溢出,然而,本地区城镇化对周边城市经济效率改善的溢出效应相对不足,说明各地区经济活动的交流与合作有待进一步加强,应制订联动的城镇化发展政策。除金融市场发展变量以外,经济空间权重下其他各影响因素对经济效率的溢出效应,相较于邻接权重下各因素对经济效率的影响表现均较强,表明地理因素对经济增长的影响正不断弱化,经济因素在空间关联中的作用越来越突出。

本地区经济效率提升的同时,对周边地区经济效率提升也会起到一定的推动作用,换句话说,地区间经济效率不断渗透,实现了区域经济效率水平的整体提高。各地政府在统筹区域经济发展战略过程中,不仅要考虑自身经济社会发展的特点,也要考虑到周围地区经济发展对本地区经济产生的溢出效应影响。城市之间摒弃你我博弈,实现区域经济协调、合作的联动发展,实现共赢。长期以来,以乡补城、以农补工的发展模式造成了的城乡发展失衡,城镇化发展是当前促进城乡协调发展、转变经济结构的战略举措。

(3) 中部地区经济效率存在显著的条件收敛性。

静态分析无法对经济效率提升的长期机制进行识别,为了进一步分析城市经济效率与城镇化之间的均衡关系,本书在检验模型中引入因变量滞后项和空间加权因变量滞后项,对经济效率的动态变动进行考察。利用动态空间面板模型在一定程度上克服了静态空间面板模型的内生性问题,揭示因变量内生交互影响下的长期效应。最后,在动态空间计量模型中对经济效率进行差分化处理,考察地区经济效率的收敛性问题。研究结果发现:在邻接空间关联下,静态空间面板模型高估了城镇化发展对经济效率的改善作用,而在经济空间关联下,静态空间面板模型则低估了城镇化发展对经济效率的影响。其政策启示在于,从长期来看,地理因素在地区间空间溢出效应发挥中的作用将逐渐淡化,地区之间的经济距离对空间溢出效应的影响越来越大。其主要原因在于,引入因变量的滞后项以后,将影响经济效率的潜在因素(如经济政治等环境)从空间结构因素的影响中分离出来,进而在一定程度上矫正了静态空间面板模型带来的偏差。此外,对经济效率的收敛性分析中我们发现,中部地区经济效率在控制城镇化以及空间交互影响下存在条件收敛性,同时,城镇化水平越高,经济效率提高的速度越快。

6.2 主要对策建议

中部地区包括山西、安徽、江西、河南、湖北、湖南六省,面积102.8万平方公里,占全国陆地总面积的10.7%;2015年年底人口3.65亿人,占全国总人口的26.5%。其区位优势突出,承东启西、连南接北,交通网络发达、生产要素密集、人力资源丰富、产业门类齐全等优势将得到进一步发挥,在我国新经济发展和新一轮全方位开发开放中将迎来重大发展机遇。当前,中部地区仍处于工业化中后期阶段,对资源、劳动力要素和投资驱动依赖较重,产业升级、动能转换等难度更大,城镇化率依然偏低、质量不高,农业农村发展正处在破解各种难题的关键时期,对内对外开放水平仍待提高,制度性约束因素依然较多。非均衡发展战略导致中国经济的区域间失衡,形成了明显的东、中、西梯度发展格局,近年来许多学者指出中部地区面临"塌陷"的危机。其人口相对密集,大量农村人口需要转移,城镇化发展基础良好且潜力巨大。2015年,中部地区城镇化率为51.2%,低于全国约5个百分点,处于城镇化中期的快速发展阶段,特别是中部地区是我国外出农民工的主要流出地,是落实全国3个1亿人城镇化战略中就地城镇化战略的主要区域。中部地区作为全国城镇化重点区,要通过健全城镇化机制,探索出一条就地、就近城镇化道路,为全国城镇化做出新贡献。同时,以城镇化发展为突破口和总抓手,提高经济效率水平,是当前带动经济社会健康快速发展的必经之路。基于本书所做的研究,现提出以下政策建议。

(1) 打破地区间"行政壁垒",释放城镇化发展带来的空间溢出效应。

行政边界的存在,阻碍了地区间社会、经济、文化交流,一方面导致不同区域消费行为(包括消费欲望、消费能力、消费偏好)的差异,并成为市场分割产生的原动力;另一方面,"无形壁垒"阻碍了地区间溢出效应的发挥,增加了地区间交易费用的同时也增加了溢出机会成本。正如陆铭等(2009)的研究所揭示的,为了在短期内实现本地区经济增长,超过95%的省份更加偏好于实施市场分割策略。在中国,市场分割往往成为地方政府实现短期政治绩效的必要手段。地区之间必须打破行政区划边界对经济社会发展的隐形阻碍作用,才能更好地释放城镇化的正外部性。可供选择的措施包括:中部地区目前处于基础设施建设的加速发展期,通过交通基础设施建设、新农村建设、扩大内需等良机,消除地区间行政壁垒限制,政府间加强沟通与协作机制建设,打破要素市场、产品市场分割,降低地区间要素转移成本及产品交易费用。

(2) 以推进城镇化建设为抓手,推动经济社会结构转型发展。

当前,中国进入只有加快经济发展方式转变才能实现经济可持续发展的关键时期,城镇化被认为是我国结构转型发展的突破口,增强经济社会平衡性、协调性和可持续性的着力点,推动民生改善和社会公正的重要载体。区别于传统城镇化政府主导的被动发展模式,以人为核心的城镇化道路是有序实现农业转移人口市民化和积极推动产业结构升级,以创新驱动发展为源动力的主动城镇化发展模式。正如李克强总理在推进城镇化建设试点工作座谈会上强调的,城镇化关系到现代化全局,是中国最大的结构调整问题。新常态下,城镇化是中国经济转型发展的强大引擎。发挥好城镇化主动调整结构的功能从短期看有利于拉动当期需求,从长期看有助于改善中国经济发展基础,推动中国经济结构和城乡区域结构优化。当前,积极探索户籍制度、土地制度、收入分配制度改革,完善金融市场体系，有序推动农民工市民化进程，妥善解决留守儿童问题，加大公共服务设施建设，提高金融市场融资效率以满足城镇化发展多样化需求，是破除传统城镇化发展弊端，走城镇化发展道路，发挥城镇化经济社会结构调整功能的当务之急。

（3）在我国处于城镇化转型发展的关键时期，由"要素驱动""投资驱动"转向"创新驱动"是经济社会转型发展的战略选择。

城镇化过程中生产要素在空间上的集聚有利于集聚地的自主创新，并在知识外部性的作用下向周边地区扩散，带来正的技术外溢和扩散效应。伴随着城镇化进程的加速，地区的科教文卫、基础设施等综合经济水平不断提高，而这些因素一方面会提升区域自身的创新能力；另一方面，也会提高其接受其他区域创新技术的能力。发达国家发展经验和现有研究文献均表明，城镇化是推动一国或地区经济增长的重要驱动力（Henderson，2000；王小鲁，2002；路永忠等，2005），创新有助于地区产业结构升级、推动区域经济增长方式转变（魏后凯，2011），提高地区的全要素生产率。根据白俊红等（2016）的研究，周边地区创新驱动对地区间经济收敛具有明显的促进作用。

过去的40年，我国快速的城镇化发展得益于廉价的劳动力和土地要素的贡献，这种过度依赖廉价要素驱动的城镇化发展模式已经难以为继。城镇化的创新效应有利于加快城市产业结构升级，通过融合高新技术，合理利用土地、人力等生产要素，改变过去依靠大规模投资拉动经济增长的模式。根据周慧（2016）的研究，创新与城镇化的融合发展是创新驱动经济社会转型发展的重要手段，各省区市在制订创新发展战略时，要把科技创新融入城镇化发展中，不仅要考虑到与地区城镇化发展相协调，还需要破除行政和市场分割壁垒，积极促进地区之间经济活动的交流与合作，为创新要素的自由流动及交流共享创造良好的市场环境和政策条件。实现技术创新与城镇化建设的深入融合，有利于突破中国城镇化道路所面临的"瓶颈"，实现城镇化的战略转型以及经济增长质的提高。创新不但是经济增长的持续动力，也能提高人们的生活质量，努力构建创新与城镇化发展的深度融合，是新时期创新驱动经济社会转型发展的重要课题。

（4）加大基础设施投资，促进要素流动及人口迁移。

一方面加快内部交通网络建设，尤其是公路交通密度，扩大区域物流规模，促进区域内生产要素流动；另一方面加大力度构建中部与东西部地区交通链接，为更好地发挥中部地区承东启西、贯南连北的区位优势，承接东部地区产业转移，培育区域经济增长极，加快产业的空间集聚，提供便捷高效的交通网络支撑。长期以来，中部地区人口总体呈现出向东部沿海地区流出的格局，大规模的人口迁移推动了东部地区经济增长，在一定程度上促进了东部地区城镇化水平的提高。然而，中部地区自身的城镇化发展长期滞后于全国平均水平，未来我国农村剩余劳动力将由"无限供给"转向"有限剩余"，农村进城务工人员近域流动态势增强，人口红利地区逐步由东部沿海转向内陆，内陆地区城镇化进入加速发展期。交通基础设施的发展有利于要素流动以及人口迁移，地方政府在努力提高基础设施建设的同时，应当努力推动产业结构和投资环境的优化以及土地的集约利用，以期更好地发挥交通基础设施的空间溢出效应，实现人口的本地城镇化，促进中部地区城镇化发展。

交通是城市形成和发展的关键因素，对城市扩张起到积极作用（Ratzel，1939；Timofeev，2009），交通基础设施有利于城市集聚效应和规模效应的发挥以及城市经济功能的完善。交通距离对经济活动的空间集聚产生重要影响（Weber，1929；Christaller，1933；Losch，1954），可以降低运输成本，促进要素流动，加强人才、信息交流，从而缩短了地区间的空间距离。Rudel 和 Richards（1990）研究表明，地区交通的发达程度与城镇化速度具有正向关联关系。伴随着区域市场化程度的不断提高，区域之间经济活动的联系日益密切，作为各种经济要素流通载体的交通基础设施，有助于改善地区之间的通达程度，对经济发展的推动作用从理论上看是明显的。交通基础设施具有较强的空间外部性，对其他地区会产生空间溢出效应。交通基础设施自身具有的网络属性，使区域之间的通达性增强，一方面降低了地区之间的运输成本，有利于地区之间经济要素扩散，产生正向溢出；另一方面加强了地区的区位优势，进而有助于要素的集聚，对其他地区经济产生负向溢出。交通基础设施的空间外部性特征，使其与各种要素在空间上的集聚和扩散紧密相连。

（5）不断完善地区间联动协作、利益协调、监督考核机制。

城镇化以空间综合变化为基本特征，是各种要素在空间体系下重新配置的过程，资源在向城市集聚的过程中，一方面促进了本地区经济发展；另一方面，通过扩散效应带动周边地区发展，换言之，随着区域开放程度的不断提高，要素流动不断加强，区域之间经济联系日益密切。城镇化是制度创新的城镇化，如何通过制度创新，为地区之间联动和聚合发展创新制度载体和政策法规保障，完善地区间联动协作、利益协调、监督考核机制，使之更加有利于城镇化空间溢出效应的发挥，使城镇化实现发展成果的公平分享，使农村居民在农业现代化过程中过上幸福生活，使城市居民在经济高速发展的同时享受到城市生态文明，使转移到城市的新市民分享到城市的现代文明，充分释放城镇化的正外部性，带动整个区域内经济社会的联动发展。

6.3 未来研究展望

本书以中部地区80个地级城市为研究对象，在全面审视中部地区城镇化与经济社会发展的现状，并对2001—2014年中部地区地级城市的城镇化综合发展指数和经济效率水平进行科学测度的基础上，对城镇化发展对城市经济效率改善的空间溢出效应进行了研究，通过构建不同的空间计量模型，对城镇化的静态空间溢出与动态空间溢出分别进行了识别，此外，对中部地区经济效率的收敛性进行了讨论。为了促进城镇化的健康协调发展以及对经济效率改善作用的有效发挥，本书尝试提出有针对性的政策建议。但受本人研究水平及相关数据资料难以获得所限，本书仍存在着诸多不足和缺陷需要在日后的工作和学习中继续深入研究。

（1）探究城镇化与经济效率提升之间的内在关联性及动态影响机制。

改革开放以来，中国经济创造了年均超过9%的高速增长奇迹，而近年来，在严峻的国内外经济政治背景下，中国经济正处于结构性调整的阵痛期。2015年中国经济遭遇了近25年来最低的增速6.9%，结构性改革的阵痛期势必仍将持续。根据新古典经济增长理论，实现经济长期持续快速增长的重要条件是全要素生产率（TFP）的不断提高。推进城镇化发展是经济社会结构转型，提高经济效率的必经之路。鉴于此，从理论上探究城镇化与经济效率提升之间的内在关联性及动态影响机制，对于走出一条绿色、集约、可持续的城镇化发展道路，推动经济持续高效增长具有重要的意义。但现有文献鲜有关于城镇化促进经济效率改善的理论与实证研究。从理论层面探析城镇化对经济社会结构转变的作用机理，揭示城镇化改善经济效率（全要素生产率TFP）的路径和手段，是笔者后续工作的重要内容之一。

（2）城镇化与扶贫问题研究。

城镇化坚持以人为本、城乡一体的科学发展观，确立优先和重点保护农民权利的发展理念，农业转移人口有序市民化和公共服务均等化为目标。新时期，城镇化是破解规模与质量、水平与效率、城市与乡村、经济增长与资源环境恶化等结构性难题的有效手段。从长期来看，城镇化也是解决区域发展不平衡以及打赢脱贫攻坚任务的重要抓手。对城镇化发展进行科学规划和有序引导，为贫困地区的扶贫开发提供全新的发展空间和要素组织平台，是当前及今后一段时期内城镇化发展问题研究的重要内容。系统探讨城镇化发展与扶贫减贫之间从理论到实践各层面的互馈机制、深入研究城镇化对以人的素质性提高为前提的长效脱贫机制、客观评价城镇化对贫困地区发展的影响等课题具有重要理论价值和现实意义。同时，中部地区"三农"问题突出，贫困发生率高于全国平均水平，促进中部地区崛起有助于坚决打赢脱贫攻坚战，促进基本公共服务均等化，不断提高城乡居民生活水平，为全国统筹区域和城乡发展发挥示范带动作用。因此，专门针对中部地区城镇化发展与扶贫开发问题的研究，将是笔者后续工作的重要内容之一。

参 考 文 献

英文参考文献:

[1] Albert Weale, "Ecological Modernization and the Integration of European Environmental Policy", in Duncan Liefferink, Phliip Lowe and Arthur Mol (eds.).

[2] Anlbe J. John. Urbanization and development in sub-Saharan Africa. Cities, 2003 (20): 167-174.

[3] Anselin, L. Spatial externalities. International Regional Science Revie [J]. 2003 (2): 147-152.

[4] Antrop M. Landscape change and the urbanization process in Europe [J]. Landscape and Urban Planning, 2004, 64 (1): 9-26.

[5] Barney C., 2006, "Urbanization in developing countries: current trends, future projections and key challenge for sustainability", Technology in Society, 28 (01): 63-80.

[6] Barro, Robert Inequality and Growth in a Panel of Countries. Journal of Economic Growth, 2000 (3): 87-120.

[7] BarroRJ, Lee JW. Inter national Data on Educational Attainment Up dates and Implications [C] //Nation a Bureau of Economic Research, Inc, 2000.

[8] BERRY, B. J. L. and E. NEILS. "Location, Size and Shape of Cities as Influenced by Environme ntal Factors: The Urban Environment Writ Large," The Quality of the Urban Environment. Edited by H. S. Perl off. Baltimore: Resources for the Future, 1969.

[9] Bill Thompson, Stephane Mc Lachlan. The effects of urbanization on ant com-

munities and my rmecochory in Manitoba [J]. Canada. Urban Ecosystem, 2007 (10): 43-52.

[10] Bloch H. And Tang S. H. K Technical change and total factor productivity growth: a study of Singapore's manufacturing industries [J]. Applied Economics Letters, 1999, 6 (10): 697-701.

[11] BOWERS, R. V. "The Direction of Societal Diffusion," American Sociological Review, 1937 (2): 826-836.

[12] Chen, J. "Rapid urbanization in China: A real challenge to soil protection and food security", Catena, 2007 (69): 1-15.

[13] Chen, J. and Fleisher, B. M., "Regional Income Inequality and Economic Growth in China", Journal of Comparative Economics, 1996 (22): 141-164.

[14] Chen, J. & Fleisher, B., "Regional Income Inequality and Economic Growth in China", Journal of Comparative Economics, 1996 (22): 141-164.

[15] Clarke, George. "More Evidence on In com Distribution and Growth." Journal of Development Economics, 1995 (2): 403-427.

[16] Coelli TJ and D. S. Prasada Rao. Total factor productivity growth in aculture: a Malmquist Index analysis of 93 countries, 1980-2000 [J]. Agricultural Economics, 2005, 32 (1): 115-134.

[17] CRAIN, R. L. "Fluoridation: The Diffusion of an Innovation Among Cities," Social Forces, 1966 (44): 467-476.

[18] Davis, J., Henderson J. V, Evidence on the political economy of the Urbanization process [J]. Journal of Urban Economics, 2003 (53): 98-125.

[19] Deng J. S., Wang K., Hong Y. "Spatio temporal dynamics and evolution of land use change and landscape pattern in response to rapid urbanization", Landscape and Urban Planning, 2009, 92 (4): 187-198.

[20] Douglas H, Schwartz AE. Spatial productivity spillovers from public infrastructure: evidence. 1995.

[21] Duranton, G. Urban evolutions: the still, the slow, and the fast [J].

American Economic Review, 2007 (97): 197 - 221.

[22] Elena Do mene and David Saurf. Urbanization and class - produced natures: Vegetable gardens in the Barcelona Metropolitan Region [J]. Geo forum. 2005, 38 (2): 287 - 298.

[23] Elhorst, J., "Dynamic Panel swith Endogenius Interaction Effects When Tis Small", Regional Science and Urban Economic, 2010 (40): 272 - 282.

[24] Elhorst, J., "Unconditional Maximum Likelihood Estimation of Linear and Log linear Dynamic Models for Spatial Panels", Geographical Analysis, 2005 (37): 85 - 106.

[25] Elhorst, J., Matlab software for Spatial Panels [J]. international Regional Scinence Review, 2014, 37 (3): 389 - 405.

[26] Feldman M. P. and Aud retsch B. Innovationin Cities: Science - Based Diversity, Speciali zation and Localized Competition. European Economic Review. 1999, 43 (2): 409 - 429.

[27] Fingleton B, López - BazoE. Empirical Growth Model swith Spatial Effects [J]. Journal of Regional Science, 2006, 85 (2): 177 - 198.

[28] Gisbert, G. Weighted samples, kernel density estimators and convergence [J]. Empirical Economics, 2003 (28), 335 - 351.

[29] Giuseppina S. "Urbanization strategies, rural development and land use changes in China", Land use change, 2012 (29): 165 - 178.

[30] Grossman G M, Krueger A B. Economic growth and the environment [J]. Quarterly Journal of Economics, 1995, 110 (2): 353 - 377.

[31] Guangzhong Cao, Changchun Geng, Ran Tao, Local "Land Finance" in China's Urban Expansion: Challenges and Solutions, China & World Economy, 2008, 16 (02): 19 - 30.

[32] Hall, RE, Jones, CI Why do Some Countries Produce so much More Output than Others? [J]. The Quarterly Journal of Economics, 1999, 114 (1): 83 - 116.

[33] Henderson, J, V: The Urbanization Process and Economic Growth: The So - what Question, Journal of Economic Growth, 2003, 8 (1), 47 - 71.

[34] Henderson, J. V. "How urban concentration affects economic growth", World Bank Policy Research Working Paper, 2000: 2326.

[35] Henderson, J. V. Urbanization in China: Policy issues and options [J]. China Economic Research and Advisory Program. 2009.

[36] Hirschman., 1958, "Strategy of Economic Development", Yale University Press. Keil R, 1998, "Los Angeles: Globalization, Urbanization and Social Struggle", John Wiley & Sons.

[37] Hudson J. C., "Diffusion in a Central Place System", Geographical Analysis, 1969, Vol. 1.

[38] HudsonJ. C. Diffusion in a Central Place System, [J]. Geographical Analysis, 1969, Vol. 1.

[39] J. H. Bocke, "Economics and Economics policy in Dual Society", New York, Academic Press, 1953.

[40] John D. Kasarda., Edward M. Crenshaw., "Third world Urbanization: Dimensions, theories and determinants ", Annual Review of sociology, 1991 (17): 467 - 501.

[41] Josh Mcdaniel. Connecting local environmental knowledge and land use practices: A human ecosystem approach to urbanization in West Georgia [J]. Urban Ecosystems, 2005 (8): 123 - 128.

[42] Kennedy L. Regional Industrial Policies Driving Periurban Dynamics in Hyderabad India [J]. Cities, 2007, 24 (2): 95 - 109.

[43] Kongiian Yu. Security Patterns and Surface Model in Landscape Ecological Planning [J]. Landscape and Urban Planning, 1997, 36 (1): 1 - 17.

[44] Lee, L., and J. Yu, "A Unified Transformation Approach for the Estimation of Spatial Dynamic Panel Data Models: Stability, Spatial integration and Explosive Roots", 2010a, In Ullah, A., D. Giles, (Eds.), Hand book on Empirical Eco-

nomics and Finance, Chapman and Hall/CRC.

[45] LeSage, J. P, Spatial Econometrics [M]. University of Toledo, 1999.

[46] LeSage, J. P & R. K. Pace. Introduction to spatial econometrics [J]. Boca Raton, US: CRC Press Taylor & Francis Group, 2009.

[47] Limi, A. Urbanization and development of infrastructure in the east Asian region [J]. JBICI Review, 2005 (10): 88 – 109.

[48] Ling Zhu, "Food Security and Agricultural Changes in the Course of China's Urbanization", China & World Economy, 2011, 19 (02): 40 – 59.

[49] Liu Y., Wu F., Webster C. "Urban villages under China's rapid urbanization: unregulated assets and transitional neighbourhoods", Habitat International, 2010 (34): 135 – 144.

[50] López – Bazo, E., Vayá, E. and Artís, M. Regional Externalities and Growth: Evidence from Europe an Regions [J]. Journal of Regional Science, 2004, 44 (1): 43 – 73.

[51] Losch, A. The Economics of Location [M]. Yale University Press, New Haven, 1954.

[52] Luc Anselin, Spatial Econometrics: Methods and Models, Published by Kluwer Academic Publishers. 1988: 223 – 239.

[53] Lucas Jr E. On the mechanics of economic development [J]. Journal of Monetary Economics, 1988, 22 (1): 3 – 42.

[54] Lucas R. E, On the Mechanics of Economic Development. Journal of Monetary Economics. 1998, 22 (1): 3 – 42.

[55] Mac Neill J. Strategies for Sustainable economic development [J]. Scientific American, 1989 (261): 155 – 165.

[56] Mc Granahan G., Tacolin C., 2006, "Rural – urban migration in China: policy options for economic growth, environmental sustainability and equity", In: Human Settlements Working Paper Series Rural – Urban Interactions and Livelihood Strategies. II ED 12, London.

[57] McGee. New Regions of Emerging Rural – Urban Mix in Asia: Implications for National and Regional Policy. Paper Presented at the Seminar on "Emerging Urban – Regional Linkages: Challenge for Industrialization, Employment and Regional Development". Bangkok, 1989: 16 – 19.

[58] Mcvo, E. C. "Patterns of Diffusion in the United States," American Sociological Review, 1940 (5): 219 – 227.

[59] Mitchell A. Pavao – Zuckerman and David C. Coleman. Urbanization alters the functional composition, but not taxonomic diversity, of the soil nematode community [J]. Applied Soil Ecology. 2006, 35 (2): 329 – 339.

[60] Mohammad A. Qadeer. Urbanization by implosion [J]. Habitat imitational, 2004 (28): 1 – 12.

[61] Murakanl1i A, Zain A M, Take K, et al. Trends in Urbanization and Patterns of Land Use in the Asian Mega Cities Jakarta, Bangkok, and Metro Manila [J]. Landscape and Urban Planning, 2005, 70 (314): 251 – 259.

[62] Myrdal., "Economic theory and underdeveloped regions", London: Duckworth, 1957.

[63] Odum H T, Elisabeth C. Modeling for An Scales: An Introduction to System Simulation. San Diego: Academic Press, 2000: 772.

[64] Odum H. T. System Ecology: A Introduction, John Wiley and Sons, N. Y, 1982.

[65] Ortega, F. and Peri, G., "The Effect of Income and Immigration Policies on International Migration", NBER Working Paper, 2012: 18322.

[66] Parish L., "Urban policy in centralized economies: China. In the economics of urbanization and urban policies in developing countries", ed. G. S. Tolley, V. Thomas, 1987: 73 – 84.

[67] Paul Krugman. Space: The Final Frontier [J]. Journal of Economic Perspectives, 1996 (12): 165 – 174.

[68] Pederson. Innovation Diffusion within and between National Urban System

[J]. Geograph - ical Analysis, 1970, Vol. 2.

[69] Peter Evans. Livable cities: Urban struggles for livelihood and sustain - ability. Berkeley: University of California Press, 2002.

[70] Pieter B., "What India Can Learn from China and Vice Versa [J]. China & World Economy, 2007, 15 (03): 52 - 69.

[71] Poncet, S. "A Fragmented China: Measure and Determinants of Chinese Domestic Market Disintegration." Review of International Economics, 2005 (3): 409 - 430.

[72] Ren W., Zhong Y., Meligrana J., "Urbanization, land use and water quality in Shanghai: 1947 - 1996", Environment International, 2003, 29 (5): 649 - 659.

[73] Renaud B., National urbanization Policies in the developing countries, Oxford University Press, 1981.

[74] Rey S, Montouri BUS. Regional Income Convergence: A Spatial Econometric Perspective [J]. Regional Studies, 1999, 33 (2): 143 - 156.

[75] Roberts B., "urbanization, migration and development", Soc. Forum, 1989: 65 - 91.

[76] Rossi - Hansberg, E., Wright, M. Urban structure and growth [J]. Review of Economic Studies, 2007 (74): 597 - 624.

[77] Rude land Richards. Urbanization, Roads, and Rural Population Change in the Ecuadorian Andes [J]. Studies in Comparative International Development, 1990 (3): 73 - 89.

[78] Samuelson PA. Spatial Price Equilibrium and Linear Programming [J]. American Economic Review, 1952 (42): 284.

[79] Sassen S., "The Global City: New York, london, Tokyo, Princeton", NJ: Princeton University press, 1991.

[80] Simon D. Urban Environments: Issues on Peri - Urban Fringe [J]. Annu Rev Environ Resour, 2008 (33): 167 - 185.

[81] Song shunfeng, "Zhang K H. Urbanization and City Size Distribution in China", Urban Studies, 2002, 39 (12).

[82] Stephen Morse, Michael Stockin. People and environment: development for future. Edited by Stephane Morse and Michael Stiking and Contribute, 1995: 3.

[83] Tan M., Li X., "Urban land expansion and arable land loss in China – a case study of Beijing Tianjin Hebei region", Land Use Policy, 2005, 22 (3): 187 – 196.

[84] Todaro M P. A Model of Labor Migration and Urban Unemployment in Less Developed Countries [J]. American Economic Review, 1969, 59 (1): 138 – 148.

[85] Vemon. J& Hendernson, "Urbanization and city growth: The role of institutions", Regional Science and Urban Economics, 2007 (37): 283 – 313.

[86] Weber. Translated by Carl J. Fried rich. Theory of the Location of Industries [M]. The University of Chicago Press, Chicago, 1929.

[87] Xiao J., Shen Y., Tateishi R., "Evaluating urban expansion and land use change in Shijiazhuang, China, by using GIS and remote sensing", Landscape and Urban Planning, 2006 (75): 69 – 80.

[88] Youn, A Gold into Base Metals: Productivity Growth in the Peoples Republic of China during the Reform Period [R] NBRE Working Paper, 2000: 7856.

[89] Young, Alwyn. "The Razor's Edge: Distortions and Incremental Reform in the People's Republic of China." Quarterly Journal of Economics, 2000, 4, pp. 1091 – 1135.

中文参考文献：

[1] 安晓亮, 安瓦尔·买买提明. 新疆新型城镇化水平综合评价研究 [J]. 城市规划, 2013, 37 (7): 23 – 27.

[2] 白俊红, 王林东. 创新驱动对中国地区经济差距的影响：收敛还是发散？[J]. 经济科学, 2016 (2): 18 – 27.

[3] 白先春. 中国城市化：水平测算与国际比较 [J]. 城市问题, 2004

(2): 23-26.

[4] 蔡继明, 程世勇. 中国的城市化: 从空间到人口 [C] //2010 中国经济特区论坛: 纪念中国经济特区建立 30 周年学术研讨会论文集. 2010: 78-83.

[5] 曹广忠, 刘涛. 中国城镇化地区贡献的内陆化演变与解释——基于 1982-2008 年省区数据的分析 [J]. 地理学报, 2011, 66 (12): 1631-1643.

[6] 常益飞. 新型城镇化发展道路研究——以甘肃为例 [D]. 兰州: 兰州大学, 2010.

[7] 常正文, 王兴中等译. 德国南部中心地原理 [M]. 北京: 商务印书馆, 1998.

[8] 陈明星, 陆大道, 刘慧. 中国城市化与经济发展水平关系的省际格局 [J]. 地理学报, 2010, 65 (12): 1443-1453.

[9] 陈明星, 陆大道, 张华. 中国城市化水平的综合测度及其动力因子分析 [J]. 地理学报, 2009, 64 (4): 387-398.

[10] 陈强远, 梁琦. 技术比较优势、劳动力知识溢出与转型经济体城镇化 [J]. 管理世界, 2014 (11): 47-59.

[11] 仇怡. 城镇化的技术创新效应——基于1990—2010年中国区域面板数据的经验研究 [J]. 中国人口科学, 2013 (1): 26-37.

[12] 崔宇明, 代斌, 王萍萍. 城镇化、产业集聚与全要素生产率增长研究 [J]. 中国人口科学, 2013 (4): 54-63.

[13] 单菁菁. 中国城市的科学发展评价. 潘家华, 魏后凯主编, 中国城市发展报告 (2010) [M]. 北京: 社会科学文献出版社, 2010.

[14] 丁志国, 赵宣凯, 赵晶. 直接影响与空间溢出效应: 我国城市化进程对城乡收入差距的影响路径识别 [J]. 数量经济技术经济研究, 2011 (9): 118-130.

[15] 方创琳. 中国城市化发展质量的综合测度与提升路径 [J]. 地理研究, 2011, 30 (11): 1935-1937.

[16] 冯·杜能. 孤立国同农业和国民经济的关系 (中文译本) [M]. 吴衡康译, 北京: 商务印书馆, 1986.

[17] 甘丹丽. 科技创新与新型城镇化协同发展对策研究 [J]. 科技进步与对策, 2014 (8): 1-5.

[18] 高波, 陈健, 邹琳华. 区域房价差异, 劳动力流动与产业升级 [J]. 经济研究, 2012 (1).

[19] 高佩义. 中外城市化比较研究 [M]. 天津: 南开大学出版社, 1991.

[20] 辜胜阻, 刘江日. 城镇化要从"要素驱动"走向"创新驱动" [J]. 人口研究, 2012 (6): 2-12.

[21] 辜胜阻, 杨威. 反思当前城镇化发展中的五种偏向 [J]. 中国人口科学, 2012 (3): 2-8.

[22] 辜胜阻, 朱农. 中国城镇化的区域差异及其区域发展模式 [J]. 中国人口科学, 1993 (1): 7-16.

[23] 辜胜阻. 非农化与城镇化研究 [M]. 杭州: 浙江人民出版社, 1991.

[24] 郭小燕. 世界"新型"城镇化趋势及其对中原经济区新型城镇化的启示 [J]. 小城镇建设, 2011 (2): 33-35.

[25] 郝睿. 经济效率与地区平等: 中国省际经济增长与差距的实证分析 (1978—2003) [J]. 世界经济文汇, 2006, (2): 11-29.

[26] 郝寿义, 安虎森. 区域经济学 [M]. 北京: 经济科学出版社, 1999.

[27] 洪银兴, 陈雯. 城市化模式的新发展——以江苏省为例 [J]. 经济研究, 2000 (12): 66-71.

[28] 胡鞍钢, 鄢一龙, 姜佳莹. "十三五"规划及2030年远景目标的前瞻性思考 [J]. 上海农村经济, 2015 (8): 13-20.

[29] 胡鞍钢. 城市化是今后中国经济发展的主要推动力 [J]. 中国人口科学, 2003 (6): 5-12.

[30] 黄亚平, 陈瞻, 谢来荣. 新型城镇化背景下异地城镇化的特征及趋势 [J]. 城市发展研究, 2011 (8): 11-16.

[31] 黄亚平. 湖北省城镇化发展的若干关键问题 [J]. 咨询与决策, 2010 (8): 15-16.

[32] 简新华, 黄锟. 中国城镇化水平和速度的实证分析与前景预测 [J].

经济研究, 2010 (3): 28-39.

[33] 姜爱林. 关于信息化推动城镇化的战略选择 [J]. 经济前沿, 2001 (6): 21-24.

[34] 蒋南平, 王向南, 朱琛. 中国城镇化与城乡居民消费的启动: 基于地级城市分城乡的数据 [J]. 当代经济研究, 2011 (3): 62-67.

[35] 蒋伟. 中国省域城市化水平影响因素的空间计量分析 [J]. 经济地理, 2009 (4): 13-17.

[36] 金虎斌. 工业化、城镇化和农业现代化协调发展实证研究——以中原经济区为例 [J]. 创新, 2012 (5): 59-63.

[37] 金荣学, 解洪涛. 中国城市化水平对省级经济增长差异的实证分析 [J]. 管理世界, 2010 (2): 167-168.

[38] 金相郁. 中国城市全要素生产率的研究 [J] 上海经济研究, 2006 (7): 16-25.

[39] 金相郁. 中国区域全要素生产率与决定因素: 1996—2003 [J]. 经济评论, 2007 (5): 107-120.

[40] 景普秋. 省域特色城镇化统计监测评价指标体系研究——以山西省为例 [J]. 城市发研究, 2011, 18 (11): 15-17.

[41] 鞠成江, 吕金岗. 四川省城镇化水平与经济增长关系的实证研究 [J]. 商业时代, 2012 (14): 139-140.

[42] 柯福艳. 统筹城乡背景下城镇化与农业现代化互促共进长效机制研究 [J]. 农村经济, 2011 (5): 36-39.

[43] 柯善咨, 向娟. 1996-2009年中国城市固定资本存量估算 [J]. 统计研究, 2012 (7): 19-24.

[44] 柯善咨. 扩散与回流: 城市在中部崛起中的主导作用 [J]. 管理世界, 2009 (1): 61-71.

[45] 克里斯塔勒. 德国南部的中心地区 [M]. 常正文, 王兴中等译, 北京: 商务印书馆, 2010.

[46] 库兹涅茨. 各国的经济增长——总产值和生产结构 [M]. 北京: 商务

印书馆，1985．

［47］库兹涅茨．现代经济增长［M］．北京：北京经济学院出版社，1989．

［48］赖德胜，夏小溪．中国城市化质量及其提升：一个劳动力市场的视角［J］．经济学动态．2012（9）：57－62．

［49］李楠，罗松华．改革开放以来中国推进城镇化建设的基本经验［J］．学校党建与思想教育，2014（9）：14－16．

［50］李强，陈宇琳，刘精明．中国城镇化"推进模式"研究［J］．中国社会科学，2012，（7）：82－100．

［51］李贤智，刘爱龙．产业集群与城镇化互动发展的实证分析［J］．金融经济，2011（8）：19－20．

［52］李郇，徐现祥，陈浩辉，等．20世纪90年代中国城市效率的时空变化［J］．地理学报，2005，60（4）：615－625．

［53］林光平，龙志和，吴梅．我国地区经济收敛的空间计量实证分析：1978—2002年［J］．经济学（季刊），2005（4）：68－82．

［54］林勇，叶青，龙飞．我国土地城镇化对经济效率的影响［J］．城市问题，2014（5）：28－33．

［55］蔺雪芹，王岱，任旺兵，刘一丰．中国城镇化对经济发展的作用机制［J］．地理研究，2013（4）：691－700．

［56］刘秉镰，李清彬．中国城市全要素生产率的动态实证分析：1990—2006——基于DEA模型的Malmquist指数方法［J］．南开经济研究，2009（3）：139－152．

［57］刘秉镰，武鹏，刘玉海，交通基础设施与中国全要素生产率增长——基于省域数据的空间面板计量分析［J］．中国工业经济，2010（3）：54－64．

［58］刘传江，刘洪辞．生态文明时代的发展范式转型与低碳经济发展道路［J］．南京理工大学学报（社会科学版），2012（4）：20－26．

［59］刘传江，郑凌云．城镇化与城乡可持续发展［M］．北京：科学出版社，2004．

［60］刘贵文，张怿蓝．基于主成分分析的城市创新能力评价［J］．科技管

理研究, 2009 (10): 115-117.

[61] 刘和东, 施建军. 区域创新及其影响因素的空间计量分析 [J]. 科技管理研究, 2009 (10): 198-199.

[62] 刘华军, 张权, 杨骞. 城镇化、空间溢出与区域经济增长——基于空间回归模型偏微分分析及中国的实证 [J]. 农业技术经济, 2014 (10): 95-105.

[63] 刘生龙, 胡鞍钢. 基础设施的外部性在中国的检验: 1988-2007 [J]. 经济研究, 2010 (3): 4-15.

[64] 刘涛, 赵志亮. 河南省城镇化与工业化发展关系的实证分析 [J]. 中国城市经济, 2011 (6): 236-238.

[65] 刘夏明, 魏英琪, 李国平. 收敛还是发散——中国区域经济发展争论的文献综述 [J]. 经济研究, 2004 (7): 70-81.

[66] 刘彦随, 龙花楼, 陈玉福等. 中国乡村发展研究报告: 农村空心化及其整治策略 [M]. 北京: 科学出版社, 2011.

[67] 刘艳军, 李诚固. 城市化综合水平测度初探: 我国15个城市为例 [J]. 世界地理研究, 2005, 14 (2): 38-43.

[68] 卢峰, 姚洋. 金融压抑下的法治、金融发展和经济增长. 中国社会科学, 2004 (1): 42-56.

[69] 陆大道, 姚士谋, 李国平, 刘慧, 高晓路. 基于我国国情的城镇化过程综合分析 [J]. 经济地理, 2007 (6): 883-887.

[70] 吕景春, 胡钧浪. 城镇化与扩大内需的作用机理: 兼谈我国农村城镇化的基本路径 [J]. 中国流通经济, 2011 (8): 73-78.

[71] 马成文, 魏文华. 安徽省城镇化与产业结构升级关系研究 [J]. 特区经济, 2012 (6): 181-183.

[72] 迈克尔. P. 托达罗. 经济发展 [M]. 北京: 中国经济出版社, 1999.

[73] 倪鹏飞. 新型城镇化的基本模式、具体路径与推进对策 [J]. 江海学刊, 2013 (1): 87-94.

[74] 牛文元. 中国新型城市化报告 (2010) [M]. 北京: 科学出版社, 2010.

[75] 牛文元. 中国新型城市化报告（2012）[M]. 北京：科学出版社，2012.

[76] 牛文元. 中国新型城市化报宵（2013）[M]. 北京：科学出版社，2013.

[77] 欧向军，甄峰，秦永东，等. 区域城市化水平综合测度及其理想动力分析——以江苏省为例[J]. 地理研究，2008，27（5）：993-1002.

[78] 潘竞虎，尹君. 中国地级及以上城市发展效率差异的 DEA - ESDA 测度[J]. 经济地理，2012，32（12）：53-60.

[79] 潘文卿. 中国的区域关联与经济增长的空间溢出效应[J]. 经济研究，2012（1）：54-65.

[80] 潘文卿. 中国区域经济发展：基于空间溢出效应的分析[J]. 世界经济，2015（7）：120-142.

[81] 彭红碧，杨峰. 新型城镇化道路的科学内涵[J]. 理论探索，2010（4）：75-58.

[82] 邱晓华. 我国城镇化战略研究，[M]. 北京：中国发展出版社，2004.

[83] 瑟夫·熊彼特. 经济发展理论（中译本）[M]. 北京：商务印书馆，1990.

[84] 申海. 中国区域经济差距的收敛性分析[J]. 数量经济技术经济研究，1999（8）.

[85] 沈坤荣，蒋锐. 中国城市化对经济增长影响机制的实证研究[J]. 统计研究，2007（6）：9-15.

[86] 沈坤荣，马俊. 中国经济增长的"俱乐部收敛"特征及其成因研究[J]. 经济研究，2002，（1）：33-39.

[87] 石忆邵. 中国新型城镇化与小城镇发展[J]. 经济地理，2013（7）：47-52.

[88] 舒尔茨. 论人力资本投资[M]. 吴珠华译，北京：北京经济学院出版社，1990.

[89] 汪增洋，豆建民. 空间依赖性、非线性与城市经济增长趋同[J]. 南

开经济研究，2010 (4)：139-153.

[90] 王贝. 中国工业化、城镇化和农业现代化关系的实证研究 [J]. 城市问题，2011 (9)：21-25.

[91] 王兵，唐文狮，吴廷瑞，张宁. 城镇化提高中国绿色发展效率了吗？[J]. 经济评论，2014：38-49.

[92] 王发曾. 中原经济区的"三化"协调发展之路 [J]. 人文地理，2012 (3)：55-59.

[93] 王发曾. 中原经济区的新型城镇化之路 [J]. 经济地理，2010 (12)：72-77.

[94] 王富喜，孙海燕. 山东省城镇化发展水平测度及其空间差异 [J]. 经济地理，2009 (6)：921-924.

[95] 王国刚. 城镇化：中国经济发展方式转变的重心所在 [J]. 经济研究，2010 (12)：70-81.

[96] 王慧. 区域城市化发展水平的综合分析——以陕西省为例 [J]. 地理学与国土研究，1997 (4)：14-20.

[97] 王开泳，陈田，董玛力. 我国中部地区人口城镇化的空间格局 [J]. 经济地理，2008 (5)：353-356.

[98] 王婷. 中国城镇化对经济增长的影响及其时空分化 [J]. 人口研究，2013 (5)：53-67.

[99] 王伟进，陆杰华. 城市化水平的空间依赖研究 [J]. 中国人口科学，2012 (5)：66-74.

[100] 王先锋，刘谟炎. 中国建立"三化同步先行区"的学理因应及其政策取向 [J]. 改革，2011 (10)：93-98.

[101] 王小刚，王建平. 走新型城镇化道路——我党社会主义建设理论的重大创新和发展 [J]. 社会科学研究，2011 (5)：40-42.

[102] 王小鲁. 城市化与经济增长 [J]. 经济社会体制比较，2002 (1)：23-32.

[103] 王晓云，魏琦，胡贤辉. 我国城市绿色经济效率综合测度及时空分

异——基于 DEA - BCC 和 Malmquist 模型 [J]. 生态经济, 2016 (3): 39 - 45.

[104] 王永锋, 高建华. 中原城市群城镇化水平与创新能力协调发展研究 [J]. 城市问题, 2007 (4): 23 - 27.

[105] 魏后凯. 中国地区经济增长及其收敛性. 中国工业经济, 1997 (3).

[106] 魏后凯. 现代区域经济学 [M]. 北京: 经济管理出版社, 2011.

[107] 魏建. 四化同步与城镇化质量的提高 [J]. 学术月刊, 2013 (5): 90 - 96.

[108] 吴福象, 沈浩平. 新型城镇化、基础设施空间溢出与地区产业结构升级: 基于长三角城市群 16 个核心城市的实证分析 [J]. 财经科学, 2013 (7): 89 - 98.

[109] 吴江, 王斌, 申丽娟. 中国新型城镇化进程中的地方政府行为研究 [J]. 中国行政管理, 2009 (3): 88 - 91.

[110] 吴延兵. 用 DEA 方法评测知识生产中的技术效率与技术进步 [J]. 数量经济技术经济研究, 2008, 25 (7): 67 - 79.

[111] 吴玉鸣. 县域经济增长集聚与差异: 空间计量经济实证分析 [J]. 世界经济文汇, 2007 (2): 37 - 57.

[112] 西蒙库兹涅茨. 现代经济发展 [M]. 北京: 经济学院出版社, 1988.

[113] 席娟, 张毅, 杨小强. 陕西省城市土地利用效益与城市化协调发展研究 [J]. 华中师范大学自然科学版, 2013 (1): 117 - 123.

[114] 谢文蕙, 邓卫. 城市经济学 [M]. 北京: 清华大学出版社, 1996.

[115] 熊湘辉, 徐璋勇. 中国新型城镇化进程中的金融支持影响研究 [J]. 数量经济技术经济研究, 2015 (6): 73 - 89.

[116] 徐玮, 夏静. 中部地区产业集聚现状实证分析 [J]. 科技广场, 2016 (8): 142 - 146.

[117] 徐现祥, 舒元. 中国省区经济增长分布的演进 (1978—1998) [J]. 经济学 (季刊), 2004, 3 (3).

[118] 徐选国, 杨君. 人本视角下的新型城镇化建设: 本质、特征及其可能路径 [J]. 南京农业大学学报: 社会科学版, 2014, 14 (2): 15 - 20.

[119] 徐雪梅,王燕. 城市化对经济增长推动作用的经济学分析 [J]. 城市发展研究, 2004 (2): 48-52.

[120] 许政,陈钊,陆铭. 中国城市体系的"中心—外围模式" [J]. 世界经济, 2010 (7): 144-160.

[121] 宣国富,徐建刚,赵静. 安徽省区域城市化水平综合测度研究 [J]. 地域研究与开发, 2005, 24 (3): 47-51.

[122] 薛俊菲,陈雯,张蕾. 中国市域综合城市化水平测度与空间格局研究 [J]. 经济地理, 2010 (12).

[123] 颜鹏飞,王兵. 技术效率、技术进步与生产率增长:基于DEA的实证分析 [J]. 经济研究, 2004 (12:): 55-65.

[124] 杨开忠,谢燮. 中国城市投入产出有效性的数据包络分析 [J]. 地理与地理信息科学, 2002, 18 (3): 45-47.

[125] 杨晓东. 我国新型城镇化发展道路探讨——以陕西省榆林市新型城镇化发展为例 [J]. 中国市场, 2010 (42).

[126] 杨重光. 新型城镇化是必由之路 [J]. 中国城市经济, 2009 (11): 40-42.

[127] 姚士谋,王肖惠,陈振光. 大城市群内新型城镇化发展的策略问题 [J]. 人文地理, 2015 (4): 1-5.

[128] 姚先国. 论人力资本中的资源配置能力 [J]. 经济科学, 1997 (4).

[129] 叶裕民. 有关中国城市化两个问题的探讨 [J]. 城市开发, 1999 (7): 35-37.

[130] 袁博,刘凤朝. 科技创新能力与城镇化水平协同发展研究——以我国东部地区为例 [J]. 大连理工大学学报 (社会科学版), 2014 (2): 56-61.

[131] 约翰·奈特,邓曲恒,李实. 中国的民工荒与农村剩余劳动力 [J]. 管理世界, 2011 (11).

[132] 张军,章元. 对中国资本存量K的再估计 [J]. 经济研究, 2003 (7): 35-43.

[133] 张可云. 区域间技术和创新传播的理论分析与政策思考 [J]. 地域

研究与开发，2002（4）：1-6.

[134] 张岭峻，笪晓军. 实施新型城镇化战略促进城乡一体化发展——以甘肃省为例 [J]. 城乡建设，2010（10）：28-30.

[135] 张学良. 中国交通基础设施促进了区域经济增长吗——兼论交通基础设施的空间溢出效应 [J]. 中国社会科学，2012（3）：60-77.

[136] 张学良. 中国区域经济收敛的空间计量分析——基于长三角1993—2006年132个县市区的实证研究 [J]. 财经研究，2009（7）：100-109.

[137] 张占斌. 新型城镇化的战略意义和改革难题 [J]. 国家行政学院学报，2013（1）：48-54.

[138] 赵泉午，廖勇海. 我国交通基础设施与物流规模的实证研究——基于中国1998—2010年省域空间面板数据 [J]. 华东经济管理，2012（3）：64-71.

[139] 赵婷婷，冯德连. 中部地区城市群利用外资态势及其困境摆脱 [J]. 改革，2011（10）：67-78.

[140] 赵勇，雷达. 金融发展与经济增长：生产率促进抑或资本形成 [J]. 世界经济，2010（2）：37-50.

[141] 赵作权，宋敦江. 中国经济空间演化趋势与驱动机制 [J]. 开发研究，2011（2）：1-5.

[142] 郑弘毅. 我国乡村城市化的主要理论和基本特征 [J]. 城乡建设，1998（7）：6-8+45.

[143] 中国经济增长前沿课题组. 城镇化、财政扩张与经济增长 [J]. 经济研究，2011（11）：4-20.

[144] 中国经济增长与宏观稳定课题组. 城市化、产业效率与经济增长 [J]. 经济研究，2009（10）：4-21.

[145] 周柏春，娄淑华. 新型城镇化的主体维度分析：来自于政府与农民的考察 [J]. 农业经济问题，2015（4）：71-77.

[146] 周慧. 城镇化、空间溢出与经济增长——基于中部地区地级市面板数据的经验证据 [J]. 上海经济研究，2016（2）：93-102.

[147] 周一星. 中国城市工业产出水平与城市规模的关系 [J]. 经济研究，

1988（5）：74-79.

[148] 朱孔来，李静静，乐菲菲. 中国城镇化进程与经济增长关系的实证研究 [J]. 统计研究，2011（9）：80-87.

[149] 庄栋. 基于城乡统筹的陕西省新型城镇化模式研究 [D]. 西安：西安外国语大学，2012.